道友社
きずな新書
012

非行少年の心の居場所

補導委託30年

大畑道雄

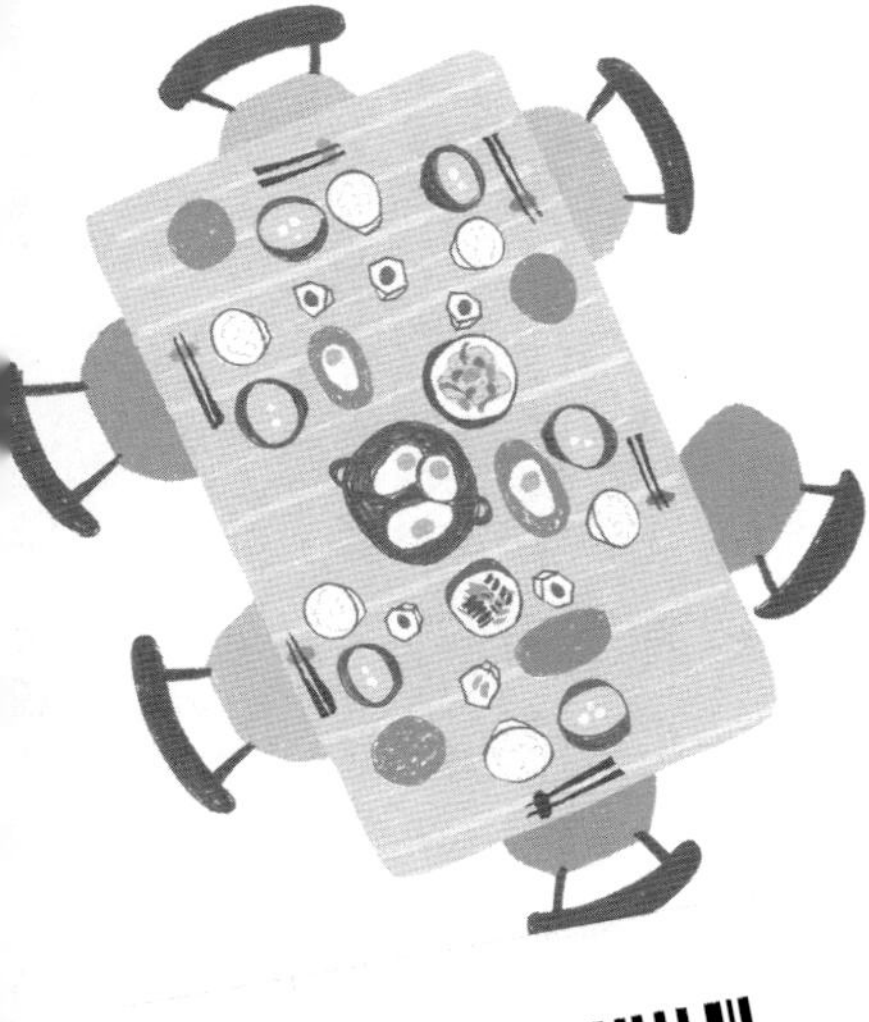

はじめに――補導委託と本導分教会の取り組み

「補導委託《ほどういたく》」とは、一般の人にはなじみのない言葉だろう。家庭裁判所が、罪を犯した少年の最終的な処分を決める前に、民間の篤志家《とくしか》などに一定期間預けて少年の更生を促す制度のことで、少年を預かる個人・施設を「補導委託先」、その責任者を「受託者」と呼ぶ。

平成三十年四月現在、全国に五百五十一カ所の委託先があり、本教の教会も少なからず協力している。かねてから病人や身寄りのない人、親のいない子供などを〝家族〟として預かってきた〝おたすけの伝統〟から、引き受け手になる人が多いようだ。

さまざまな家庭の事情などから、犯罪に手を染めてしまう少年たち。彼らの立ち直りを願って生活を共にし、家族や信者、地域住民と協力しながら、たすけの手を差し伸べることで、やがて彼らは、健全な社会人としての〝生きる力〟を身につけていく。

そんな非行少年たちとの日々を綴《つづ》ったエッセーが二〇一三年から四年間にわたり『天理時報』紙上で連載された。著者は、補導委託先を長年務めた大畑道《おおはたみち》雄《お》さん（天理教本導《ほんどう》分教会長）。妻の久子《ひさこ》さんが母親代わりとなり、少年たちに心を通わせ、家族団欒《だんらん》を味わわせるなかで、心が癒《い》やされ立ち直ってゆく。

非行少年たちの、かけがえのない〝心の居場所〟となって三十年余り。その心温まる日常を描いた、教会長夫妻の歩みを紹介する。

編　者

もくじ

Ⅲ　気がつけば　89

Ⅳ　卒業　123

※カバー・本文イラストレーション……ひやまちさと

I めだかの学校

わが教会は〝めだかの学校〟

わが家の〝家族〟を紹介したい。私と妻、長男夫婦とその五人の子供たち、住み込みの青年が二人、そして家庭裁判所から委託された少年が二人、さらに〝更生した少年〟が二人の、計十五人という大所帯だ。

これだけの人数だと、食事も二回に分けなければ無理だ。朝食なら、その日早く出かける人たちが一回目、時間に余裕のある人たちが二回目を頂く。食べる順番がバラバラなら、使う食器も決まっていない。わが家では「箸《はし》も茶碗《ちゃわん》も同じ」が基本だ。

昭和六十年（一九八五年）、罪を犯した少年を預かる「補導委託」を始めた。家庭裁判所が罪を犯した少年への処分を決める前に、民間の篤志家《とくしか》などに一定期間預ける制度だ。前会長から地区の役員や保護司、民生・児童委員といった〝地域の役〟を引き継ぐなかで、要請を受けたのだった。

「委託」という言葉に、少年たちの未来を託される使命感のようなものを感じた。以来、約三十年。一人につき、おおむね半年間、延べ二百人余りの少年たちと寝食を共にし、彼らの立ち直りを見守ってきた。

教会で生活する少年に聞いてみた。

「家庭裁判所でなんと言われて、うちに来た？」

「『処分を決める前に、補導委託先へ行くことになる。飲食店を営む所か、天理教の教会か、どちらへ行きたいか？』と聞かれて、『天理教の教会へ行きたいです』と答えました」

「どうして飲食店へ行かなかった？」

「自分が更生するには不向きかと思って……」

委託前の段階で、こんなことを口にする少年はまれだが、少年たちの多くは心のどこかで「更生したい」と願っている。それを手助けするのが、私たちの役目だ。

補導委託は、家庭環境などに恵まれない子供を育てる「里親」と比べると、まだまだ認知度は低い。「非行少年を預かるなんて私にはできない」「小さい子がいると、危ないのでは……」といった誤解も生じやすい。

そんなことはない。わが家には、長男夫婦の子供たちがいるし、高齢の信者

さんも大勢いるが、危険を感じたことはない。むしろ、委託を終えてからも行く当てがなく、わが家で共に生活する〝更生した少年〟たちは、教会にとって、なくてはならない〝若い働き手〟だ。

私は非行少年たちと接するとき、どんな罪を犯したのか聞かないようにしている。そんなことよりも、これから先、少年たちが自立する力をつけてやることが大切だと思う。

そのために必要なのは、まず彼らと家族同然に暮らすこと。だから、わが家には先生や生徒といった関係性はない。たとえるなら、非行少年たちが通う〝めだかの学校〟だろう。

年明け、教会に届いた年賀状に紛れて、わが家を巣立った少年二人から手紙が届いた。

「再犯してしまいました……」

ＯＢからの便りは、うれしくもあるが、できれば〝再入学〟してほしくないと願っている。

〝誰かの役に立つ〟が生きる力に

私どもの教会は東京都葛飾《かつしか》区にある。葛飾といえば〝フーテンの寅《とら》さん〟で知られる。山田洋次《ようじ》監督の映画『男はつらいよ』シリーズの主人公である国民的人気者の姿から、下町人情あふれる町といったイメージが強いだろう。

補導委託を始めた当初、預かった少年たちが地元住民に迷惑をかけることが少なからずあった。いくら人情味あふれる地元の人たちとはいえ、次々とやって来ては悪さをする少年たちに業《ごう》を煮《に》やし、時には「なぜ非行少年を預かるのか」と問いただされることもあった。

そんななかでも、私は少年たちを地元の行事や活動に積極的に連れ出した。近所の農家が、野菜の出荷間近で忙しい時期には、彼らに収穫を手伝わせた。四十年前から続けている、近くの老人ホームでの清掃活動にも参加させた。また、地元のお祭りでは神輿《みこし》の担ぎ手として大活躍。おかげで、住民の方々の理解も次第に得られ、いまでは「あの子、頑張っているね。近ごろ変わってきたよ」と声をかけてくださるまでになった。

地域の人たちと関わるなかで、少年たちにも変化が出てきた。

ある少年は、老人ホームで清掃活動を終えたとき、入居者のおばあさんから感謝の気持ちを伝えられた。手を握って何度も「ありがとう」と言われ、「よく掃除してくれたね」と褒《ほ》められる。おばあさんからすれば、自分の孫と同じ年くらいの少年が掃除をしてくれたことが、さぞうれしかったのだろう。

一方、人から叱《しか》られ、ののしられたことしかない少年にとって、感謝され、褒め言葉をかけられたのは初めての経験だったかもしれない。「自分の時間を誰かのために使うと、こんなにも喜ばれるんですね」。少年は涙目になりながら話していた。

同じような経験を経て、介護ヘルパーの資格を取り、現在、高齢者支援施設で働いている少年が数人いる。

家庭裁判所からわが教会へやって来た、この町とは縁もゆかりもない少年たちは、人情味あふれる地元の人たちに見守られるなかで、立ち直りのきっかけをつかんでいく。

地域への関わりとともに、もう一つ、積極的に取り組んでいることがある。それは東日本大震災被災地への支援活動だ。これまでに約四十回、少年たちを伴って仮設住宅を訪ね、収穫した野菜を届けている。被災地の現状を知り、被災した人たちとふれ合うなかで、「これまでの生活を見つめ直すきっかけになった」「今後の方向性が見えてきた」と話す少年は多い。

なかには、教会を出た後に親を誘って被災地へ赴き、瓦礫《がれき》撤去などの作業に携《たずさ》わった子もいる。きっと彼は、再び罪を犯すことなく、立派に社会貢献できる人に育ってくれるだろう。

誰かの役に立つ喜びを知った少年たちは、自分自身の〝生きる力〟を取り戻す、尊いきっかけを得ているのだと思う。

〝更生の道〟は愛情弁当から

「久子さんのお弁当は日本一です。一生忘れません」

教会を〝巣立った〟少年のなかに、こんなことを言う子がいた。

補導受託者として非行少年たちを預かるなかで、大きな役割を果たしているのが妻の久子だ。連れ添って四十五年の妻を、私をはじめ少年たちは、愛情を込めて「久子さん」と呼んでいる。

少年たちは委託中、仕事に就《つ》いて職業指導を受ける。久子さんは毎朝、少年が仕事に向かう際に「食べるときには教会の家族の顔を思い出してね」と言葉を添え、手作りの〝スタミナ弁当〟を持たせている。文字通り母親代わりとして、少年たちを見守ってくれているのだ。この久子さんの存在が、少年たちの立ち直りを支えている。

彼らの非行の背景には、家庭環境に問題があることが多い。

ある少年は、父が医師、母が教職員という家庭で育った。両親は、なぜ子供が非行に走ったのか分からない。私も当初は、少年の非行の原因が分からなかった。

少年は、しばらく教会にいるなかで、私の長男の嫁と久子さんが実の親子に見えるほど仲の良いことが「不思議で仕方ない」と話した。それをきっかけに、次のことが分かった。少年の母親と姑《しゅうとめ》の関係が悪く、家庭に安らぎの場がなかったこと。そして、それが遠因《えんいん》となって非行に走ったこと――。

久子さんの弁当が、生涯初めての手作り弁当という少年も多い。彼らは、教会で久子さんとふれ合ったり、手作り弁当から愛情を感じたりして、更生のきっかけをつかんでいくのだと思う。

教会には、長男夫婦の五人の子供たちがいる。子供たちから「お兄ちゃん」と呼ばれ、幼い〝弟妹〟を抱っこする少年たちは、日に日にお兄ちゃんらしくなっていく。

その様子を温かく見守る長男の嫁を、少年たちは親しみを込めて「アコさん」と呼んでいる。

アコさんは長男と結婚するまで、お道（天理教）の信仰を知らなかった。めでたく結婚が決まったものの、私には不安があった。朝夕のおつとめをはじめとする教会生活はもとより、次々とやって来る非行少年たちに、さぞ驚き、戸《と》惑《まど》うだろうと――。

結婚を前に、正直に胸の内を話すと、アコさんは「宗教は社会に奉仕する団体だと思います。いまの生活を続けてください」と言ってくれた。三十年以上にわたり、補導委託をはじめさまざまな福祉活動に力を注いできた私どもの教会に、ぴったりの女性を妻合《めあ》わせていただいたと思った。

アコさんが教会へ来て、はや十三年。いまでは少年たちの悩みを聴き、さまざまにアドバイスする、良き相談相手となっている。

〝失敗続きの十年〟のおかげ

同じ屋根の下で、罪を犯した見ず知らずの少年たちと生活を共にする――。補導委託の現場を簡単に表すと、こうなると思う。

最初に、家庭裁判所から補導受託者としての要請を受けたとき、少年たちの未来を託される使命感のようなものを感じた。

しかし、いざ少年たちがやって来ると、毎日が不安の連続だった。委託された少年のなかには「○○連合十五代総長」「○○会特攻隊長」などと、得体の知れない妙な〝肩書〟のついた少年が少なくなかった。預かっている少年と不良グループが、教会の敷地内でにらみ合うこともあった。

私と久子さんは、少年たちのことが信じられず、夜寝る前に台所の包丁を別の場所に隠していた。いつ危害を加えられるかもしれないという不安に、常に苛《さいな》まれていた。

当時、一日で教会から逃げ出す少年はざらにいた。最初の十年は失敗続きだった。

久子さんは「縁あって私たちと生活することになったのだから、少しでも更生してほしい」と懸命に心を尽くしていた。

しかし、無事に委託期間を終えても、しばらくして再犯する少年が多くいた。

ある日、仕事へ出かけたはずの少年三人が、車上荒らしで逮捕されたことがあった。

「自分の子供以上に手をかけ、心をかけてきたはずなのに、どうして……」

このときは、さすがの久子さんも「もう受託をやめたほうがいいんじゃない？」と漏《も》らした。

「たすけの手を求める少年がいるのに、私たちがやらなくて誰がやるのか」

半ば自分に言い聞かせるように久子さんを励まし、少年たちと向き合い続けた。

そうするうちに、少年たちを預かる喜びが少しずつ感じられるようになってきた。それは、〝当たり前の喜び〟だった。

久子さんの手作り弁当を持って仕事場へ向かった少年が、毎日無事に教会へ帰ってくること。教会へ来てからずっと仏頂面《ぶっちょうづら》だった少年が、初めての給料を頂いて笑顔を見せてくれたこと――。〝失敗続きの十年〟のおかげで、そんな当たり前のことに喜びを感じられるようになった。

最近、教会を巣立った少年の結婚式でスピーチを頼まれた。何かいい話をしようにも、教会にいたころは悪さばかりしていたので褒めるところがなく、ひと苦労した。しかし、その苦労は私にとって、えも言われぬ大きな喜びだった。

さまざまな喜びを感じる日々のなかで、ある少年が教会を出た後も必ず月次祭に参拝に来るようになったことは、格別の喜びだった。いま私たちは、非行少年を預かる喜びを毎日味わっている。

子の問題は親の問題

教会で寝食を共にする少年たちに驚かされることがある。それはすでに紹介したように、久子さんの愛情弁当が、生涯初めての手作り弁当という少年が多いことだ。

同じような驚きを感じることは少なくない。

ある少年は、教会へやって来て初めて外出するときに「ただいま」と言った。しばらく様子を見ていても、毎回「ただいま」とあいさつして出ていく。

「どうして『ただいま』と言って出かけるんだ?」と聞くと、少年は「ただいま」という言葉の意味を知らなかったと正直に答えた。この話を紹介すると、皆さん驚かれるのだが、教会家族の全員が聞いた本当の話だ。

「行ってきます」と言って家を出た経験がなかった少年は、教会へ預けられた際に「出かけるときは何か言うはず……。たしか『ただいま』だ」と思い、何も知らないまま使い続けていたという。

何も知らない少年たちは、ほかにもいる。

ある日、久子さんから「急須《きゅうす》とお茶の葉を取ってきて」と頼まれた少年は、しばらくじっと考え込んだ後、台所で何かを探し始めた。目の前に急須とお茶の葉があるのに。

不思議に思った久子さんが、「どうしたの?」と尋ねると、「ボトルが見つかりません」。久子さんは少年に、急須でお茶を入れる方法を教えてから「一体、

どういう生活をしていたの？」と聞いた。すると、少年は「ペットボトルに入ったお茶しか飲んだことがなかった」と答えた。台所で探していたのは、お茶のペットボトルだった。

また「一年間に三回しか家庭のご飯を食べたことがない」と言う少年や、玉子焼きや海苔《のり》の名前を知らない少年もいた。

どの少年にも共通するのは、家庭環境に問題があること。十分な愛情が注がれていないということだ。

少年の保護者には、自分さえ良ければいいと考えている親が多い。

子供たちへの基本的な対応も「あなたは、自分の好きなようにしなさい」と突き放す。委託期間を終えて自宅へ戻ってからも、「親子で一緒に頑張っていこう」と言う親は少ない。子供の歩み始めた〝更生の道〟を、親が閉ざしてしまうのだ。

われわれ大人の目から見ると、非行少年たちは粗暴で怖いし、声もかけにくい。しかし、彼らを非行に走らせたのは、まぎれもない私たち親世代だ。言い換えれば、少年たちを更生させるのも、私たち親世代の役目ではないかということだ。

子の問題は、親の問題でもある。身の周りに非行少年がいたら、その親も含めた〝家族のおたすけ〟が求められているのだと思う。

愛情あふれる夏のおぢばへ

今年も「こどもおぢばがえり」の季節がやって来た。毎年、大型バス一台を用意する私どもの教会では、近所の子供たちと共に、教会で預かる少年たちも育成スタッフとして参加する。少年たちには、夏のおぢば（奈良県天理市の天理教教会本部のある所）でしか味わえない体験をしてもらいたいからだ。おぢばでは、子供たちも少年たちも「私たちは普段どんな生き方を心がければいいか」といった話を聞かせていただく。

日常生活のなかで「どう生きるべきか」などと考える子供は少ないだろう。

夏のおぢばで、陽気ぐらしを目指す生き方を知った子供たちは、それまで想像もしなかった世界に思いを巡《めぐ》らせ、心の幅を広くしていく。

非行に走った少年たちは、罪を犯してまで「自分さえ良ければ」「いまさえ楽しければ」という生き方をしてきている。そうした彼らが、同年代の若者たちが子供たちの世話取りをする様子を見て、誰かの役に立つ喜びを学んでいく。彼ら自身も世話係として、暑い真夏のおぢばで大粒の汗を流しながら子供たちの面倒を見る。なかには、人生で初めて人に尽くす喜びを味わったという少年もいた。

その子は、子供たちの世話取りを通して「俺《おれ》の今日までの生活はなんだったのか。散々悪いことばかりしてきた生活を変える、最後のチャンスかもしれない」と感じたという。教会へ戻ってからも、頻繁《ひんぱん》に遊びに来る子供たちの面倒

を見ていた。委託期間を終えて教会を出るとき、彼は「少し相手をするだけで、子供たちがこんなに喜んでくれるなんて夢にも思わなかった」と話した。
　互いにたすけ合って暮らす、人類の〝生きる目標〟である陽気ぐらしについて話を聞き、同年代の子たちが、その精神を実践している姿を目の当たりにする。そして、自分自身も子供たちの面倒を見て、人に尽くす喜びを味わう——。更生を目指す非行少年たちにとって、こどもおぢばがえりは究極の〝更生プログラム〟のよう

なものだろう。

ひと夏の喜びが忘れられず、教会を出てからも毎年、こどもおぢばがえりに参加してくれる元少年もいる。彼は、結婚して子供が生まれてからも、親子で参加している。家庭の愛情に恵まれなかった境遇を、自身の子供には味わわせたくないと思い、たくさんの愛情あふれる夏のおぢばへ連れ帰っているのだろう。

子を思う親の気持ちこそ

私どもの教会には時折、家庭裁判所から委託される少年とは別の非行少年がやって来る。そのほとんどが、教会関係者からの〝紹介〟によるものだ。お道の教えに幼いころからふれていても、非行に走ってしまうことはある。そうした少年と、補導委託で預かる少年との違いは、もともとお道の教えを知っているかどうかだ。

教会関係者から預かった少年は、地元では悪さばかりしていたものだから、朝夕のおつとめに参拝したり、ひのきしん（親神様のご守護に対する感謝の心を行動に表すこと）をしたりすることは、ほとんどなかっただろう。

ところが、私どものもとへ来てからは、ほかの委託された少年たちと共に、しっかりおつとめを勤めるのだから不思議だ。

その要因は何か。環境が変わったからなのか、それとも委託された少年たちの前で、「俺は最初からおつとめができる」と良い格好がしたいからなのか、私には分からなかった。

裁判所から預かっている少年には「ここでの生活で〝ミス〟をしたら、少年院へ送られてしまう」といった心理が働く。そのため、良い子でいようとする傾向が見られる。では、教会関係者から預かった少年が良い子でいようとするのは、どういった心理からなのか……。

一つ思い浮かんだのが、この少年の親もまた、お道の教えを信仰していると

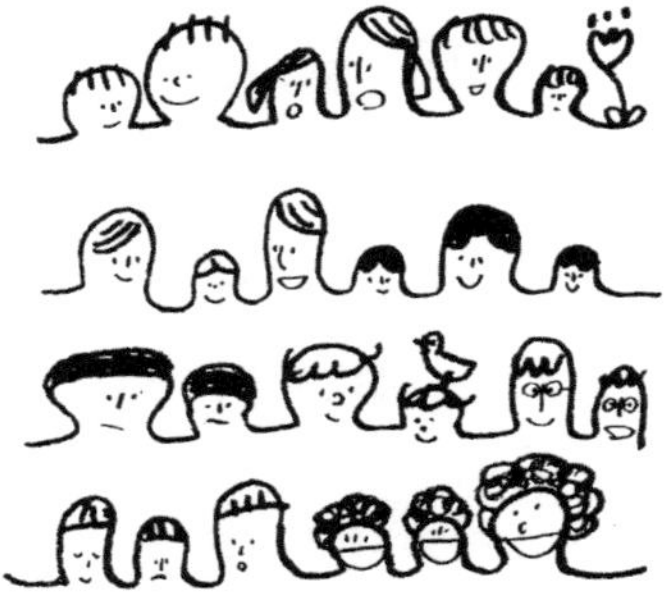

いうことだ。少年の親のなかには、子供を預けた後、わが子の心のたすかりを願って、仕事の傍《かたわ》ら一生懸命に布教活動に励んだり、道専務を志して教会に住み込んだりする人もいるだろう。

そこにあるのは、ただ「わが子にたすかってもらいたい」という思いだ。

少年たちは、遠く離れた教会で自身も信仰的な生活を送りながら、親と電話で話したり、手紙を送り合ったりするなかで、自身のたすかりを願う親の姿を知り、あらためて、そのありがたさに気づく。

もちろん、家庭裁判所から預かる子供の親も、その多くが子供の更生を願ってボランティア活動をしている。やはり、そうした親の姿を知った少年たちは、教会生活を通して、自らも人に尽くす喜びを味わって巣立っていくように思う。

親子の距離が近すぎると、子は親のありがたさに気づきにくい。私たちが、生活面では親代わりとなり、一つ屋根の下で寝食を共にすることで、少年たちは実の親のありがたさに気づいていく。親がいない少年には、私たち夫婦が本当の親になるつもりで接している。

子を思う親の気持ちこそ、少年たちの更生に欠かせないと、あらためて思う。

「良いときは連絡してくるな」

「良いときは連絡してくるな」

これは、私が委託期間を終えた少年たちを送り出すときに伝える言葉だ。少し冷たいように聞こえるかもしれないが、私としては「困ったことがあったら、必ず教会へ連絡を入れるように」という意味を込めているつもりだ。

妻の「久子さん」は、「みんなに可愛《かわい》がられるんだよ」「ちゃんと朝起きしてね」「立派な社会人になって、税金を納めるんだよ」などと、優しい言葉をかける。

約三十年間で延べ三百人余りが、教会を巣立った。なかには、その後の生活がうまくいかず、困り果てて、実際に連絡してくるOBもいる。

その際、私はすぐに少年のもとへ駆けつけ、直接会って話を聞くようにしている。「住む所がない」「お金がなくて生活できない」といった場合は、親の了承を得たうえで、再び教会で預かり、社会で働く力を身につけさせることもある。

OBからの連絡で「参ったなあ」「困ったなあ」と思うのは、酒・タバコ・ギャンブルなどに依存したり、借金を抱えたりしているときだ。

あるOBは、十数社の消費者金融に数百万円の借金を作っていた。どうにも首が回らなくなり、教会へ救いの手を求めてきた。

もちろん、私が肩代わりすることはできない。「私が責任をもって働かせて

借金を返させますので」と、彼が借金をしているすべての消費者金融に頭を下げて回った。そして、彼を教会に住まわせ、働いて稼いだお金を返済に回し、なんとか数年後に完済することができた。

教会を出た後も関わりを持つOBのなかには、自ら教えを求めてくる者もいる。修養科（おぢばで三カ月間、教えを学び心の修養に励むところ）を志したり、青年会ひのきしん隊に入隊したり……。別席を運んでようぼくとなり、教会の月次祭でおつとめ衣《ぎ》に袖《そで》を通した者もいる。

あるOBは、子供を大教会の鼓笛隊に参加させている。また毎年「こどもおぢばがえり」に親子で帰参し、一生懸命に子供たちの世話取りに当たっている。

もちろん、委託終了後、すべての少年たちと連絡を取っているわけではないが、何か〝どうしようもない壁〟にぶつかったときには、教会へ連絡を入れてほしいと切に願っている。

そして、教会へ連絡してこないOBたちは、きっと生活のどこかで、私たち教会家族と共に暮らし学んだことを生かしながら、社会の役に立ってくれていると信じている。

みんな兄弟姉妹だから

補導委託に携わるなかで、どうしても付きまとう悩みは、少年たちが再犯してしまうことだ。

罪を犯した人や非行歴のある少年のなかには、頼れる人がいなかったり、生活環境に恵まれなかったりして、すぐに自立更生できない人たちがいる。

そうした人たちを一定期間保護し、円滑な社会復帰を助ける更生保護施設なるものが全国各地にある。飲酒や覚醒剤《かくせいざい》使用の問題を改善するプログラムを実施したり、地域住民との交流を大切にしたりするなど、さまざまな取り組みを進めている施設である。

それでも、施設を出た後に再犯することなく社会復帰する人は、全体の約六割と聞いたことがある。それほど再犯する者が多いのだ。私どもの教会でも、約二～三割の少年たちが再び罪を犯してしまっていると思う。

ある少年がいた。彼も、ほかの少年たちと同じように、妻の「久子さん」をはじめ、教会家族からたっぷり愛情を注がれるなか、必死になって更生を目指した。委託期間を終えたとき、私はいつものように「良いときは連絡してくるな」と伝えた。

その数年後、彼から手紙が届いた。送り主の住所は少年院だった。

「あれほど、久子さんに『クスリだけには手を出すな』と言われていたのに、俺は今回で三回目です。もうすぐ成人です。出院したら必ず教会へ行きます。

院内生活で天理教の教誨師《きょうかいし》の先生の話を聞くと、教会で過ごしたことを思い出し、目頭が熱くなります」と書かれていた。

過去に教会で預かった少年が「再犯した」と連絡を受けると、必ず久子さんと共に面会に行く。少年に「まだ俺は見捨てられていない」と思ってもらいたいからだ。

とはいえ、二度、三度、四度と、何度も再犯を繰り返す少年もいる。正直なところ「また、つまらないことをして、どうしようもないな」「家族や信者さんたちに大切な時間を費やしてもらったのに……」と、諦《あきら》めにも似た感情が湧《わ》いてしまうことがある。

そんなとき、私の心に思い浮かぶのは、決まって教祖《おやさま》（天理教教祖、中山みき様）のことだ。「教祖なら、どうなされるだろうか……」と。

「私たちは、みんな親神様・教祖を親と慕う兄弟姉妹《きょうだい》だ。いま一度、何度も罪を繰り返してしまう弟に、たすけの手を差し伸べなければ……」と思い直し、少年院へ向かう。

「みんな兄弟姉妹だから」と思い続けて、今日まで非行少年たちと接してきた。

そうしたなか、ある少年が「俺も小さいころに教会のような家庭で育っていたら、非行に走らなかっただろうな」と言ったことがある。

再犯した少年たちには、自分の子にかけるのと同じ思いで、いや、それ以上に心をかけて、これからも更生へと導いていきたい。

苦労のほうが楽しい

先日、光栄にも叙勲《じょくん》を受けた。長く少年たちの更生に尽くしてきたことを、評価していただいたのだと思う。

実は八年前にも、同じ理由で、もったいなくも褒章《ほうしょう》の栄に浴したことがあった。

今回も前回も、少年たちの反応は、いま一つだった。「今度、叙勲を受けることになった」と伝えても、せいぜい「おめでとうございます」と返ってくる程度だ。事の重大さというか、ありがたさを理解していないのだろう。

久子さんは、今回の受章の連絡を受けたとき、「ビックリしたわ。また大変なことになったわね」と驚き、慌てながらも、とても喜んでくれた。息子夫婦や孫たちは、ささやかなお祝いをしてくれた。

また、秋の叙勲・褒章の報道を新聞などで見た地域の人たちからも、多くのねぎらいの言葉をかけていただいた。

私は少年たちを地域の行事に積極的に参加させている。地域の方々から温かく、時に厳しく愛情をもって接してもらうことは、少年たちの更生に欠かせないと考えている。こうした地域の方々の理解と協力のおかげで、二度も受章させていただいたと感謝している。

このように、褒められたり、評価されたりしたとき、いつも思い出すのは母親のことだ。母は、戦争で親を失った子供たちを預かり、自分の子供と同じよ

うに愛情を注いで育てていた。私がしてきた補導委託も、母と同じことをしようとしただけだ。親の代から受け継いだ精神を胸に地道な活動を続け、それを次代へつなげていかなければならないと、あらためて肝に銘じた。

さて、授与式には羽織袴《はかま》で出席することにした。モーニング姿の人が多いが、やはり羽織袴のほうがふさわしいと思ったからだ。式には、夫婦そろって出席する。久子さんは、もちろん留め袖だ。二回目だから、要領は分かっていると思うのだが、やはり緊張もするし、気が落ち着かないようだ。式を迎える数日前から、そわそわしていた。

無事に式が終わり、夕方、教会へ戻ると、久子さんはすぐに〝所定の位置〟である台所へ向かった。

「やっぱり、ここが一番落ち着くわ」

堅苦しい式典が苦手なのだろう、生き生きとした表情で夕食を準備している。

そして「少年たちには苦労させられることもあるけれど、苦労のほうがよっぽど楽しいわ」とつぶやいた。私も同じ意見だと、心から思った。

おたすけの心で〝受け皿〟に

非行少年たちの更生に長く携わるなかで、教内外の関係者から時折、講演などを依頼されることがある。人前で話すのは苦手だが、それほど頻度が高くないこともあって、少しでも青少年の非行の現状と課題を知ってもらえればと、できる限り協力している。

最近では、家庭裁判所「少年友の会」の要請で、私どもの教会を会場に、弁護士や調停委員ら三十五人を前に、補導委託と保護観察について話した。

また、弁護士会の関係者に頼まれて、弁護士の〝卵〟の若者たちの前で話す機会もあった。

卵といっても、彼らは全員、司法修習生。司法試験に合格したエリートたちだ。そんな彼らに、私が法律についてあれこれ話してもなんの意味もないと思い、私どもの日常生活のありのままをお話しした。みんな真剣に聴いてくれた。

自分たちが関わるであろう少年たちが、たとえ一度罪を犯しても、再犯することなく立ち直っていく過程について、少しでも良いイメージを持ってもらうことは、青少年たちの明るい未来につながるのではないかと思っている。

このエッセーを執筆させてもらうことになってからは、教内関係者の方から講演を頼まれる機会も増えた。

教会がある葛飾支部では年数回、補導委託や更生保護、福祉、介護について話す場を設けていただいている。里親や民生・児童委員、教誨師など、さまざ

まな福祉関係の活動に携わる教友が多いなか、「補導委託も、教会でやるにはもってこいですよ」と伝えている。

このエッセーにも書いてきたように、委託される少年たちは、委託中に問題を起こすと即少年院行きが決定するので、良い子でいようとする心理が働く。怖い、暴れたらどうしようなどという先入観は捨てて、前向きに、一人でも多くの教友に非行少年の〝受け皿〟になってほしいと願っている。

ところで昨年、都内の大学へ通う孫から「法律学科の友達がゼミの研究発表のために、おじいちゃんの話を聞かせてほしいと言っている」と話があった。こんなにうれしいことはない。喜んで話した。友達は検事を目指しているという。彼女は真剣な表情で熱心に話を聴いてくれた。

弁護士や検事の卵たちと向き合い、とても頼もしく感じられた。そこにお道の関係者が、おたすけの心で携わることができれば、もっと良い未来が描ける気がする。

非行少年の心を救う活動を、さらに増やし、そのネットワークを広げていくために、これからも彼らと向き合い続け、次代を担う人たちに私の経験を伝えていきたい。

Ⅱ 家族団欒

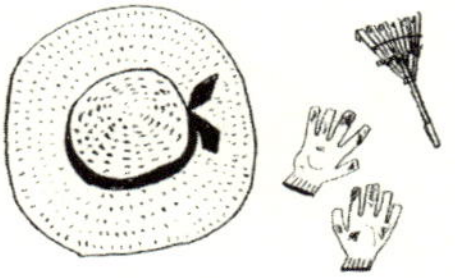

〝家族団欒〟の姿を社会へ

昔から、お道の教会には、身寄りのない人たちを預かってきた歴史がある。現在も多くの教会で、さまざまな人たちが一つ屋根の下で生活を共にし、血縁に拠《よ》らない〝教会家族〟を形成している。

私どもの教会では、戦争で親を失った子供たちを、母が預かり、わが子同様に愛情を注いで育てていた。

幼いころから、家族以外の誰かと生活することは当たり前だった。成長してから思ったのは、「母は、教祖の教え通りに人だすけに心を尽くしている」と

いうことだ。中学生のころには「自分が教会長を継ぐことになったら、必ず〝入り込みさん〟（教会住み込みの人）と生活させていただこう」と心に決めていた。

四十五歳で補導委託を始め、五十歳の年に教会長を拝命した。たくさんの少年たちと生活するなかで、十三年前、他県の家庭裁判所の裁判官から「天理教の教会は、いまも『一れつきょうだいの陽気ぐらし』を教えられているのですか？」と聞かれたことがあった。道の先輩たちが身寄りのない人を預かってきた歴史を、その裁判官は知っていたのだろう。私は「その通りです。私も実践しています」とお答えした。

土地所の教会は「たすけの道場」や「陽気ぐらしの道場」とお聞かせいただく。陽気ぐらしの生き方を地域に映していくことは、教会が担う使命の一つであると思う。

人を預かる立場になって感じるのは、少年たちや〝入り込みさん〟と生活を共にすることが、その使命を果たすことにつながっているということだ。

私は少年や〝入り込みさん〟を預かると、必ず地域の行事に参加させている。彼らの姿を地域の人たちに見てもらうことは、教会の取り組みを理解していただくことにもつながる。それがひいては、お道の教会らしい〝家族団欒《だんらん》〟の姿を伝える機会になっていると思うのだ。

教会にやって来る少年たちの多くは、立ち直りたい、たすかりたいと思っている。教会家族の一員として手伝いをし、地域の行事で〝若い働き手〟として役立つことで、私たちや周囲の人たちをたすけている。そうした暮らしを、教会から出ていくまでの約半年間続けることで、彼らにとってのたすかりの道が開けてくると信じる。

「人たすけたらわが身たすかる」と教えられる通り、彼らをたすけているようで、実は私たちのほうが、さまざまな意味で彼らにたすけられていると思う。

大人って意外といい人かも……

補導委託の役割は、言うまでもなく非行少年の更生をサポートすることにある。そのために特に心がけているのが、地域活動への積極的な参加だ。社会生活を送る第一歩は、まず地域に出ていくことから始まる。

補導委託を始めて三十年。当初は、預かった少年が地元の人たちに迷惑をかけることもしばしばあった。それでも地元の皆さんは、温かい目で見守り、現在では〝協力者〟として共に少年たちの更生をサポートしてくださっている。

少年たちを連れて二十数年参加しているのが、ボランティアグループ「ＢＢ

S会」の活動だ。

BBSとは「Big Brothers and Sisters Movement」（大きいお兄さんとお姉さんの活動）の略。非行のない社会づくりを目的に設立されて六十年、いまでは全国五百地区に拠点を広げている。その名の通り、会員たちは〝お兄さん・お姉さん〟の役割を担い、保護司の補助に当たる。

私どもが参加する「葛飾区BBS会」は、年間を通じてさまざまな行事を催している。春は茶の湯体験、夏はバーベキュー、秋は月見、冬はスキー実習など……。一見、大人と子供が一緒に遊んでいるだけのように見えるかもしれないが、この「大人と一緒に遊ぶ」という経験こそが大切だと思う。

家庭裁判所から教会へやって来る少年たちのほとんどが、大人を嫌っている。彼らが大人に対して抱いているイメージは「いつでも、どこでも怒る」「態度が

冷たくて怖い」「自分の言うことを聞いてくれない」……。きっと大人たちと、まともにふれ合う機会を持てずに育ってきたのだろう。

一方、ＢＢＳ会の活動は、大人と子供が真正面から向き合い、心を通わせる場になっている。「君、名前は？」「何が趣味なの？」「好きな食べ物は？」。初対面でいろいろと質問を投げかける大人たち。少年たちは戸惑《とまど》う半面、照れた表情を浮かべる。自分に関心を示してくれることが、素直にうれしいのだろう。何げない会話や交流を通して、彼らの心境は変化していく。

少年たちは、月二回ほど教会近くの畑へ行き、知り合いの農家のもとで野菜の収穫を手伝わせてもらっている。

小松菜、大根の葉、春菊《しゅんぎく》……。太陽の光を浴び、汗をかき、時折吹く風を感じながら、一生懸命に農作業に励む。収穫後は、近所の人たちへ野菜を届ける。「ありがとう」「暑いなか、大変だったね」。このとき、感謝やねぎらいの言葉を、大人たちから生まれて初めてかけられたという少年も少なくない。

嫌いだと思っていた大人って、意外といい人なのかもしれない――。こうした大人への見方の変化が、社会へ出る大きな一歩につながると信じる。少年たちは、地域の人たちの理解と協力のもとに育っていく。地域一体の取り組みが、いま求められている。

夏に刻む〝生涯の思い出〟

真夏の祭典「こどもおぢばがえり」は、今年六十周年を迎えた。昭和二十九年に「おぢばがえりこどもひのきしん」として第一回が開催された当時、中学二年生だった私は、母に連れられ、東本《とうほん》大教会の団参に参加した。土持ちひのきしんで汗びっしょりになった思い出が懐かしい。

私どもの教会では、今年も大型バス一台を手配し、五十人の子供らと帰参した。教会で預かる少年たちも、育成スタッフとして参加した。いまや、子供の世話取りをしてくれる少年たちの力なしでは、この団参は成り立たない。子供

たちも、彼らとおぢばで過ごす時間を心待ちにしている。

補導委託を始めた当初から、少年たちをこどもおぢばがえりに参加させてきた。初めて参加した少年たちは皆、共通してあることに感銘を受ける。

「おやさとパレード」が始まる前、〝ゲームのお兄さん〟として楽しませてくれる親里管内の高校生。冷たいお茶を差し出してくれる少年ひのきしん隊の中学生……。各所で受け入れひのきしんに励む同世代の若者たちの姿に心を奪われるのだ。

少年たちは教会へやって来た当初、「自分さえ良ければ」「いまさえ楽しければ」という生き方しか知らなかった。

「大勢の人たちと協力して子供を喜ばすなんて、カルチャーショックにも似た感覚だった」と、一人の少年は言った。別の少年は「子供のために時間を惜しまず、汗まみれになる姿がとてもかっこいい……」と、まるでファンになったかのような感想を寄せてくれた。

少年たちは、自分と同世代の若者たちがこどもおぢばがえりに情熱を傾ける姿を、うらやましく思っているようだ。「これからどのように生きていくべきか、ヒントを得た気がする」と口をそろえ、翌年からは、張りきって引率リーダーを務めてくれるようになる。

おぢばへ向かう道中、車内でさまざまなレクリエーションを行う。なかでも目玉となっているのが、引率リーダーたちの紹介だ。少年たちが自己紹介をした後、子供たち相手にゲームをするというもの。そのぎこちなさと下手《へた》な進行に、車内は大爆笑に包まれる。同時に、少年たちが子供たちの人気者になる瞬間でもある。

近年、教会を〝卒業〟してから家庭を築いた元少年が、自分の子供を連れてこどもおぢばがえりに参加してくれている。

こどもおぢばがえりは、大人になってからも、生涯忘れられない思い出として、皆の心のなかで輝き続けるに違いない。

教会が〝心の居場所〟になれば

今年一月のある日。朝づとめの後、玄関のほうから物音が聞こえた。急いで向かうと、そこには四年前に教会を〝卒業〟した一人の少年が立っていた。手ぶらで足元がふらついている彼の姿を見て、私は察した。

「よく来たな。今日から、またここで暮らすんだろう。早く参拝しておいで。一緒に朝食を食べよう」

彼は「よろしくお願いします」と小さな声で言った。

補導委託の目的は、非行少年たちの更生を手助けすることにある。委託期間

中、あいさつや返事といった生活の基本を身につけさせるほか、人の気持ちを考えて行動することの大切さや、納税など社会のルールを指導していく。

そして、約半年の委託期間を終えて教会を巣立っていく。そのとき私は、少年たちに「困ったら必ず帰ってこい」と伝えている。それは、教会を少年たちの〝心の居場所〟にしてほしいと願っているからだ。困ったときや悩んだときは、教会を頼ってほしいと――。

少年たちは、家庭や学校に自分の居場所がなかったために、非行に走ってしまったケースが多い。教会で預かっている間は、ここが〝心の居場所〟になる。しかし、その後は彼ら自身で新しい居場所を見つけなければいけない。

少年たちにとって、それは容易ではなく、居場所が見つからなかったことで再び罪を犯してしまうケースも少なくないようだ。

これまでに何人もの〝卒業生〟が突然、教会を訪ねてきた。全員が自分の居場所を求めていた。冒頭の彼も、その一人だった。

私は教会を訪ねてきた少年たちを、いつも「よく来たな」と言って迎える。どうして帰ってきたのか、何があったのかとは絶対に尋ねない。時間が経《た》てば、おのずと話してくれるからだ。

「先生が言ってくれた通り、困ったので帰ってきました」

ポツリポツリと話し始めた彼は、やがてすべてを打ち明けてくれた。

仕事に失敗して借金を抱えたこと。住む家を失ったこと。四〇キロの道のりを、一晩かけて歩いてきたこと――。

「よし！　じゃあ、もう一回ここで神様にお願いしながら頑張ろうか」

〝再入学〟した彼は、仕事に精を出す傍《かたわ》ら、教会の団参の引率や青年会行事にも積極的に参加している。今度こそ、教会だけでなく、社会のなかにも自分の居場所を見つける力を身につけるために――。

新たな門出を祝える幸せ

委託期間を終え、教会を〝卒業〟した少年から、結婚式に招待されることがしばしばある。数年前には「参加者を代表して、大畑先生にスピーチをお願いしたいのですが……」と頼まれたことがあった。

当初は「なぜ私が？」と思った。しかし、よくよく考えてみると、更生した彼のことを一番よく分かっているのは私であることに気づいた。親戚《しんせき》や友人たちのなかには、更生前の彼のことしか知らず、彼が結婚すること自体に驚きを隠せないという人が少なくないのだ。

そのことを思うと、つくづく私は幸せ者だと感じる。若者の晴れ舞台に、年の離れた〝おやじ〟が話をさせてもらえる機会なんて、めったにあることではないだろう。

補導委託を始めて三十年。教会を学校にたとえるなら、これまでに〝入学〟した少年は、延べ三百人に上る。「委託」という言葉に、少年たちの未来を託される使命感のようなものを感じながら、寝食を共にし、彼らの立ち直りを見守ってきた。

委託期間はおおむね半年。しかし、預かった少年のなかには、〝中退〟する子も少なくない。

補導委託において、成功や失敗といった定義は難しい。だが、あえて定義づけるなら、〝卒業〟した場合が成功で、〝中退〟した場合が失敗になるだろう。非行に走ってしまった彼らにとって、団体行動や規則正しい生活は容易ではない。慣れない環境から逃げ出してしまうのだ。

当初は〝中退〟する少年が少なくなかった。私はそれが悔しかった。家庭の温《ぬく》もりを知らない彼らに、なんとか一日でも長く、妻の「久子さん」の手料理を食べさせ、家族団欒《だんらん》を味わわせてやりたい、と必死に取り組んできた。地域の方々にも理解と協力を頂き、現在ではほとんどの少年が、教会で半年間過ごした後、無事に〝卒業〟している――。

私は結婚式のスピーチで開口一番、こう言った。

「初めて会ったときの彼は、どこも褒《ほ》めるところがありませんでした」

場内がどっと沸く。その後、「けれど」と付け加え、半年間の教会生活の話をすると、参加者は皆、真剣に耳を傾けてくださる。必死に更生しようとしてきた彼の頑張りに、涙を流す人もいた。

その後、式は宴会のような盛り上がりを見せた。卒業した少年の新たな門出を祝えることは、本当に幸せだ。

今年の成長を楽しみに

少年たちの年末年始は忙しい。

十二月二十九日は大掃除。三十日は知り合いの農家さんの野菜の収穫を手伝い、三十一日は元旦祭の神饌《しんせん》や新年会の食材の買い出しをする。

大掃除は朝づとめ後に朝食を取ってから、皆で一斉に取りかかる。神殿、参拝場、教職舎の各部屋、廊下、窓、ロッカー、庭、駐車場……。屋内外のすみずみまでピカピカにするので、半日かかる大仕事だ。

あるとき、教会に来て間もない少年が、掃除に気持ちが入らず、ダラダラと

手を動かしていた。すると、その様子を見ていた〝先輩少年〟がこう言った。
「お世話になっている教会だから、感謝の気持ちを込めて掃除したほうがいいぞ」
その言葉のなかに、〝先輩少年〟が教会での生活を通して、少しずつ更生の手応えをつかんでいるのかもしれないと感じた。
少年たちは、私たちがごく当たり前だと思うことを経験したことがない。一緒に生活を送るなかで、初めて家庭的な雰囲気を味わったり、大人に見守られていることに気づいたりして、驚きや喜びを感じるのだ。

〝先輩少年〟は、これまでの生活を通して、感謝の心を持てるようになったのだろう。

ダラダラと掃除をしていた少年も、私や久子さんら大人と共に年を越し、新しい年を迎えることで、年明けからはキビキビと動くようになるかもしれない。

一月一日は元旦祭を勤めた後、お世話になっている地域の各所へ新年のあいさつに伺う。

そして二日は、新年会で大にぎわい。私と久子さんの間には四人の子供がいる。子供たちは全員結婚していて、孫を連れて帰ってくる。皆で食卓を囲み、久子さん特製の手巻き寿司《ずし》と収穫した野菜を頂く。

さらに、数年前に〝卒業〟したOBたちも、久しぶりに教会に帰ってくる。

ＯＢたちは、たくさんのお菓子をお年玉代わりに少年たちへ手渡す。

こうして集まった人数は総勢三十四人。誰もお酒は飲まないが、宴会のように盛り上がる。

新年会の締めくくりでは、一人ひとりが今年の抱負を発表し合う。

「朝起きから頑張る」「二度と非行に走らないような人に成長したい」「とにかく社会で働く」……。

新しい年を迎え、新たな気持ちで決意を述べる少年たち。彼らが今年、どんな成長を見せてくれるのか、いまから楽しみで仕方がない。

この喜びを、一人でも多くの人に

世間は卒業シーズンを迎えている。

私どもの〝学校〟でも、半年の委託期間を終えた少年たちの卒業式ならぬ〝お別れ会〟を開く。

少年たちは、教会にやって来たころとは比べものにならないくらいたくましい。凛《りん》とした顔つきに、ピンと伸びた背筋。一人ひとり、彼らの顔を見つめていると、〝教会家族〟として共に過ごした半年間の思い出が浮かんでくる。

「よろしく、お願い、します……」

初めて教会の門をくぐった少年たちは皆、緊張しながら、か細い声であいさつする。

少年たちの更生のために、何よりも大切にしていることがある。それは、彼らに家族の団欒を経験させ、家庭の温もりを味わわせてやることだ。

そのために、とにかく初めは生活指導に徹する。朝起き、掃除、あいさつ、食事……。彼らにとって、初体験となる共同生活。人と協力すること、たすけ合うことを学ばせる。

約一カ月が過ぎると、アルバイトを始める。社会で働く経験を通して、自分自身の適性を見いださせるのだ。委託期間中、少年たちが働くことのできる時間は午前六時から午後八時まで、と定められている。しかし私は、午後六時以降は働かさないようにしている。

私たちは〝教会家族〟である。夕づとめを勤め、風呂に入り、皆で食卓を囲むことは、家庭の温もりを感じる大切な時間だ。

委託終了後の進路について考え始めるのは、四カ月を過ぎたころから。彼らが希望する進路のなかで最も多いのは、定時制・通信制高校への進学。次いで、土木・建設会社への就職など。

そんななか、卒業を間近に控えた少年たちの多くが「もっと教会にいたい」と言う。彼らは一日も早く更生したいという思いで頑張ってきた。しかし、共同生活を通して、地域の人たちも含め、大人たちの優しさにふれるうちに、教会を〝自分の居場所〟だと思うようになるのだろう。

そんな彼らの変化を、私はとてもうれしく思う。それでも、彼らにこう伝える。

「ここは困っている人が来るところ。君たちと同世代の困っている人は、まだまだたくさんいるんだ」

先日、一人の少年がこんなことを言った。

「初めは、ここの教会のようなところがあるなんて思いもしなかった。自分が感じたこの喜びを、一人でも多くの人に味わってほしい」

彼の夢は、人のためになる仕事に就《つ》くことだという。

「今日一日、楽しかったか?」

神奈川県川崎市の河川敷で中学一年生の男の子が殺害された事件に、誰もが胸を痛めたに違いない。家庭裁判所から少年を委託される身として、あらためて少年たちにしっかり心を向けようと、思いを新たにした。

今回の事件については、新聞・雑誌やテレビで「周りの大人たちが、彼の状況をきちんと把握していれば、未然に防げたのでは……」などと報道されている。

青少年を預かり育てる立場にある者として、その日、子供が誰と何をして、

どんな気持ちで過ごしたのかという情報を得ることが大切だと思う。

とはいえ、思春期を迎えると、大人と会話することさえ煩《わずら》わしいと感じる子は少なくない。

私どもの教会で非行少年を預かるとき、いくつかの〝規則〟を設けている。「朝はちゃんと起きること」「携帯電話やスマートフォンは持たないこと」などだ。

なかでも、重要なのが「食事は家族全員で取ること」。家庭の雰囲気、家族団欒を味わわせるために、これは外せない。

いつも夕食の際に、少年たちに尋ねている。

「今日一日、楽しかったか？」

そう問いかけることで、仕事や人間関係など、彼らの状況を大まかにではあるが把握できる。素直に「楽しかった」と返してくれることもあるが、それはまれ。反応は、実にさまざまだ。

それでも、「楽しかったか？」と聞かれて、少年たちが比較的素直に反応するということも最近分かってきた。

「いつも通りですね」「まあまあです」「疲れました」などの返事は、特に心配する必要はない。

対して、「いや……」と曖昧《あいまい》だったり、「別に……」と素っ気ない言葉が返ってきたりしたときは、うまくいっていないサインであることが多い。

その場合は、夕食後に二人きりで話をする。内容によっては、ほかの人に聞かれたくないこともあるからだ。

すると、少年たちは「これから先のことが不安で……」「職場の人と折り合いが悪くて……」などと、胸の内を明かしてくれる。

人は誰でも一人では生きていけない。特に、人生経験の浅い少年たちは、悩み事を抱えやすい。大人が日々向き合い、じっくり話を聴いてやることが、彼らの幸福な人生の一歩につながると確信する。

Ⅲ　気がつけば

失敗から芽生える優しい心

毎年五月の大型連休になると、上級教会と共催で、少年会行事「徒歩団参」を実施している。

これは、各地から歩いておぢば帰りをされた先人の足跡をたどろうというもの。今回は、奈良県桜井《さくらい》市から「山《やま》の辺《べ》の道」を通って本部神殿まで、約一八キロの道のりを歩いた。

二十年以上続くこの行事、かつては、教祖の末女こかん様が歩かれた十三峠《じゅうさんとうげ》越えに挑戦したこともある。自分の足で長距離を歩いて目的地へ向かう経験は、

子供たちにとって、大きく成長する機会となる。教会で預かる少年たちは、この行事のスタッフを務めてくれる。彼らは子供に同行し、世話取りに当たる。

列を乱して歩く子、団体行動を無視しようとする子、だるくなって足を止めてしまう子……。このような子供たちは、私のような〝おじさん〟よりも、〝お兄さん〟の言うことをよく聞くのだ。

その理由は、年が近いからだけではない。〝おじさん〟が注意すると、どうしても説教くさくなってしまう。

「列に合わせて、ちゃんと歩きなさい」「団体行動に徹しないとだめじゃないか」「付いてこないと置いていくからね」

一方、〝お兄さん〟の注意は優しい。

「列からはみ出すと危ないからね」「一人よりも、みんなで行動したほうが楽しいよ」「もう少しで到着するから頑張って歩こう」

少年たちが優しい声をかけるのは、これまで自分自身が失敗してきたことを踏まえ、更生しようと努力してきた経験があるからだと思う。何より、注意される側の気持ちをよく分かっている。どのように声をかければ子供たちがうれしいかを考え、彼らの気持ちに寄り添うことができるのだ。

徒歩団参の終盤、「天理教教会本部」「天理市」の看板や標識を目にした途端、一行はワッと歓声を上げる。

あるときなど、ゴール直前で足を痛めてリタイアしそうになった子を、肩車をして歩いてくれた少年もいた。

ほとんどの子供たちは、翌年も徒歩団参に参加する。それは、おぢば帰りの喜び、歩き通した達成感、そして少年たちの優しさを、もう一度味わいたいと思うからだろう。

手作り弁当が一生の思い出

以前、久子さんの手作り弁当について取り上げた。今回は、その〝続編〟だ。

私どもの教会では、午前七時から朝づとめが始まる。少年たちは、その一時間前に起きて掃除をする。

さらに、それよりも一時間早く五時に起きるのが久子さんだ。仕事に出かける少年たちの〝スタミナ弁当〟を作ってくれる。少年たちのほとんどが、久子さんの弁当が生涯初めての手作り弁当だという。

ある少年が教会に来て間もないころ、こんなことがあった。

「大畑さんの家で暮らしている少年が、さっき道端にお弁当のおかずを捨てていたけれど……」

通りすがりに偶然目にしたという近所の人から、そう告げられた。

私はすぐさま、その場所へ向かった。言われた通り、弁当のおかずが捨てられていた。私はすべてのおかずを拾い上げ、持ち帰った。

「どうして捨てたんだ？」

少年に尋ねると、意外な言葉が返ってきた。

「おかずを残して帰ると、久子さんに申し訳ないと思ったんです……」

久子さんは毎日朝早く起きて、自分のために弁当を作ってくれている。それなのに、お腹《なか》がいっぱいだからと言って、弁当を残すなんて許されない。彼は久子さんを思って、弁当を残すことより、捨てることを選んだのだ。

弁当を捨てることは許されることではない。しかし、その行為に込められている、彼の思いを酌《く》み取ってやることが大切だと、私は思った。

非行に走る少年たちは、大人に対して良いイメージを持っていない。だが、彼は久子さんに対して「申し訳ない」と思った。大人に対する心境が大きく変化していると感じた。

「お弁当はね、神様のお下がりを頂いて作らせてもらっているの。捨ててしまうと、神様に申し訳ないでしょう。だから、残してしまうときは、必ず持ち帰ってね」

久子さんは少年たちに涙ながらに話した。そして、私と久子さんは、拾ってきたおかずを洗って食べた。

以来、少年たちは弁当を捨てることも、残すこともしなくなった。

そして皆、「久子さんの手作り弁当は、一生の思い出です」と言って教会を巣立っていった。

子供心に残る〝お兄さんの顔〟

このエッセーが掲載されるころ、私どもの教会は「こどもおぢばがえり」に参加している真っ最中だろう。

教会の団参は、補導委託中の少年たちの協力なしでは成り立たないといっても過言ではない。こどもおぢばがえりの主役である子供たちはもとより、私たち大人にとっても、引率スタッフを務めてくれる少年たちの存在は大きい。

引率中、少年たちは随所に〝お兄さんの顔〟を見せてくれる。

「プール」では、水を怖がる子供の手を取って、ゆっくりと一緒にプールに入る。大勢でプールがにぎわうなか、ほかの子供と接触しないように注意を払う。

「土持ちひのきしん」では、子供とペアを組んでひのきしんに励む。その際、年少の子や女の子と組むときは、土の入ったもっこを自分の近くに寄せて担ぎ、重さのバランスを取る。

「朝のおつとめ」では、手振りが分からない子供たちに見本を示すように、真剣な表情でおつとめを勤める。そして、姿勢を正して真柱《しんばしら》様のお言葉に耳を傾ける。

また、会場に忘れ物をして落ち込んでいる子供を「絶対に見つかるから」と励ましたり、疲れて歩くのがつらくなった子をおんぶしたりする。

さらに驚いたのは、「おやさとやかた講話」でのひとコマ。講師の先生が教室に入ってきてからも、子供たちが騒ぎ続けていた。そのとき、一人の少年が

「静かに！」と注意すると、私語がピタリとやんだ。

教会に来るまで非行に走っていた少年たちが、どうしてここまで親身に世話取りをするようになるのか、正直なところ、私には分からない。上手《うま》く説明できないが、さまざまなことを〝失敗〟してきた彼らだからこそできる、声のかけ方や接し方があるような気がする。

こうした少年たちの優しさは、子供たちの心にいつまでも残る。

「今年、あのお兄ちゃんは来ないの？」。前年のこどもおぢばがえりに参加した子供たちは、決まって口をそろえる。

「今年は来ないんだ」と返事をすると、実に寂しそうな顔をする。

今年、「少年ひのきしん隊」に入隊したいと、自ら志願した中学生の女の子がいた。理由を尋ねると、その子は「去年、スタッフをしてくれたお兄さんのように、私も誰かの力になれるような人になりたいから！」と目を輝かせた。

その女の子は、すっかり〝お姉さんの顔〟になっていた。

たむろする若者に声をかけ

補導委託を始めて三十年余り。これまでの活動を通じて、私のほうが、少年たちからさまざまなことを教わったと感じる。

その一つが、声をかける大切さだ。

少年たちは、教会を最初に訪れたとき、なんとも言えない寂しそうな表情をしている。

これまで預かった少年の半数以上が、片親か、両親がいない家庭で育ってきた。家族から見放され、大人への信用をなくし、〝心の居場所〟を持てない子供たち。補導委託を始めて間もないころは、彼らのために何ができるだろうかと思い悩み、眠れぬ日々を過ごした。

そうしたなかで、とにかく声をかけ続けることを心がけた。

「おはよう！」「体の調子はどうだ？」

「料理が美味《おい》しいだろう！」「今日一日、楽しかったか？」

すると、日が経《た》つにつれ、少年たちは笑顔を見せるようになった。

声をかけ続けることとは、地道で根気がいる。大人に対して良い印象を持っていない彼らに、「私は味方だ」ということを示し、心を開かせるには、とにかく声をかけ続けるしか手はなかった。

補導委託を始めて十年が経ったころ、少年たちに声をかける大切さに気づいた私は、あることを実践するようになった。

それは、コンビニでたむろしている若者たちに声をかけることだ。

毎日、教会の朝づとめを終えた後、片道四キロの道を歩いて上級教会へ日参している。

その道中に、コンビニが三店舗ある。早朝のコンビニでは、夜通し遊び続けていたと見える若者たちが群がっていることが少なくない。

「おはよう！」

私が声をかけると、「おじさん誰？」と戸惑《とまど》ったような顔をする若者がほとんどだ。それでも「趣味は何？」「家族は何人？」などと、こちらが質問を投げかけると、だんだんと会話してくれるようになる。

コンビニに群がるような少年たちは、非行に走る前の状態にあるといっても過言ではない。

「お腹は空《す》いていないか？　よかったら、うちに来るか？」

こう声をかけ、教会にやって来る〝コンビニ少年〟も少なくない。皆、妻の「久子さん」の手料理を食べ、久しぶりに味わう〝家庭の味〟に大満足し、いろいろな話をして帰っていく。

「ちゃんと家に帰って、学校へ行くんだぞ」

若者たちが、私の言葉をどれほど聞いているか分からない。それでも、こうした声かけを、自分ができるおたすけの一つとして現在も続けている。

教会が地域の〝癒やしの場〟に

教会には毎日、近所の方々が十人ほど訪ねてくる。特別な用事があるわけではない。皆でたわいのないおしゃべりに興じるのだ。

この様子を見て、久子さんは「教会がみんなの〝癒《い》やしの場〟になっているわね」とうれしそうに笑う。

実は補導委託を始めたころ、近所の人たちから「大畑さんの家は危ない。近づかないほうがいい」と言われることが少なくなかった。

これはどうしようもなかった。なぜなら当時、補導委託の実際について、私自身も十分に分かっていなかったこともあり、少年たちを預かることで、近所の人たちに少なからず迷惑をかけていたからだ。教会から脱走してよその家に上がり込んだり、人の家の前でたばこをふかしたり、道端で行き交う人たちをにらみつけたり……。そんな姿を見て「あんな子供が更生するはずがない」「少年を預かるのは、もうやめたらどうか」と言われたことも度々だった。

それでも私は、なんとか補導委託を続けさせてもらえるよう、近所の人たちに頭を下げ続けた。少年たちが非行に走ってしまうのは、彼ら自身にすべての責任があるわけではなく、〝良き大人〟に巡り会えなかったことが大きな原因の一つだと考えていたからだ。

「せめて私たちだけは、彼らを見捨ててはいけない。親神様・教祖におすがりして、おたすけの心でつとめさせていただこう」

気持ちが折れそうになったとき、半ば自分に言い聞かせるように久子さんを励ました。
補導委託を始めて最初の十年は、失敗続きだった。それでも、その失敗を糧《かて》に、少年たちと地道に向き合っていくなかで、自立していく少年が一人、また一人と増えていった。そうするうちに、近所の人たちも、教会と少年たちに理解を示してくれるようになった。
「今朝《けさ》、A君があいさつしてくれたよ」「先日、B君が道端でごみ拾いをしているのを見て感心した」といった声も聞かれるようになった。

また、地域活動や「こどもおぢばがえり」団参での少年たちとの交流を通じて、「〝関わりにくい危ない子〟から〝純粋で素直な子〟へと見る目が変わった」と言ってくれる人もいた。

こうしたことから、「○○君は元気にしてる?」と教会を訪ねてくる近所の人が増え、気がつけば、教会でほぼ毎日〝お茶をする〟ようになった。

そんななかで、私や久子さんに子育てなどの相談をする人も少なからずいる。私と久子さんは悩みに耳を傾けた後、私たちなりに〝等身大の意見〟を言う。するとと皆さん、すっきりとした表情で帰っていく。

久子さんの言う通り、教会は現在、老若男女を問わず、地域の人たちの〝癒やしの場〟になりつつあるようだ。

年賀状に込めた感謝の思い

師走《しわす》に入った。あと一カ月足らずで年越しを迎えることを思うと、今年も、あっという間に過ぎていった気がする。

多くの店や街頭では、年賀状が販売されるようになった。

毎年、教会を巣立っていった何人かの少年から年賀状が届く。若者の〝年賀状離れ〟が進んでいる昨今、ＯＢたちの律儀《りちぎ》さに感心する。彼らから届く年賀状は、殊《こと》のほかうれしい。

「また先生とお会いしたいです」「久子さんはお元気ですか？」「結婚して子供

ができました」

内容のほとんどは近況報告。文面を通して、教会に来た当初は全く想像できなかったような幸せな人生を歩んでいることを知ると、思わず目頭が熱くなる。

同時に、教会で一緒に過ごした半年間の思い出が浮かんでくる。

委託期間中、少年たちから手紙をもらうことがある。それは私ではなく、久子さんが受け取ることがほとんどだ。

「今日のお弁当、とても美味しかったです」

「いつも優しくしてくれて、ありがとうございます」「寒くなりましたが、体に気をつけてください」

彼らが手紙をくれるのは、日常の何げないときや、私たちの誕生日などさまざま。また、久子さんは「母の日」にカーネーションをもらったこともあった。そのとき久子さんは、泣いて喜んでいた。

少年たちのなかには、こまめに手紙をくれる子もいる。

そんな彼らには、ある共通点がある。手紙に書く内容を、決して口では言わないのだ。

つまり、口に出して言うのは恥ずかしいけれど、なんとか思いを伝えたいときに、手紙を書くのだ。

教会に来た当初は、大人を信用できず、心を閉ざしていた彼らが、わざわざ筆を執って思いを伝えようとするのはなぜか。

それは、彼らを〝わが子〟として〝母親の心〟で接する久子さんの姿や気持ちが、胸に響くから。心のなかに芽生えた感謝の気持ちを伝えずにはいられないのだろう。

以前にも紹介したが、教会には時折〝うれしくない便り〟も届く。送り主は、〝卒業〟した少年たち。

「再犯してしまいました……」

〝うれしくない便り〟は、できるだけ受け取りたくない。

それでも、この便りを受け取るたびに、感謝の手紙と同様に、文字に込められた彼らの思いを探り、更生への道を共に歩もうと思う。

地域の人とふれ合うことで

　教祖百三十年祭まであと数日。一人でも多くの人とおぢばへ帰らせていただけるよう、知人に、友人に、そして教会を〝卒業〟した少年たちにも、「一緒におぢばへ帰りませんか？」と声をかけている。

　現在、町内会の役員を務めている私は、さまざまな地域の活動に長年携《たずさ》わってきた。ありがたいことに、教会から年祭に帰参する予定の人の半数以上が、地域の活動を通じて出会った未信仰の人たちだ。

　以前にも紹介したように、少年たちの更生は、地域の方々の協力を頂かなければ成り立たない。地域の人たちが、いつも温かい目で見守り、心を寄せてくださるからこそ、三十年以上も補導委託を務めることができたのだ。

こうした地域の方々との絆《きずな》を大切にしようと、十数年前、近所の人たちに声をかけて「人生を楽しむ会」を立ち上げた。

今年七十六歳になる私をはじめ、皆さん高齢者ばかり。そのなかには独り身の人も少なくない。

「一人でいるより、みんなでいるほうが楽しい」というシンプルな考えのもと、皆で寄り集って人生を楽しもうと、会の発足を思い立った。

会では主に、教会でお茶を飲みながら、たわいもないおしゃべりに興じている。また「全教一斉ひのきしんデー」には、会のメンバーたちが毎年参加している。

なかでも、メーン行事となっているのが、年に一度のおぢば帰り団参だ。

以前、ある人から「少年の世話や地域の活動に励んでいる大畑さんは、それほどの行動力をどこから得ているのですか」と尋ねられたことがあった。私は迷わず答えた。

「おぢばです！　おぢばへ帰ると、不思議と心が安らぎ、また頑張ろうという気持ちになるんです」

するとその人は「ぜひ、私も行ってみたい」と言ってくださった。これがきっかけとなり、

「人生を楽しむ会」としての団参が決まったのだ。

この団参で活躍するのが、引率スタッフを務める少年たち。移動中、ほかの人の荷物を持ったり、杖《つえ》で歩く人を介助したり……。私が指示しなくても、少年たちが自ら率先して動く姿に、会のメンバーは大きな感銘を受ける。自分の孫の年代に当たる少年たちの優しさが胸に染みるのだろう。おぢばに着くと皆が自然に〝家族〟のような関係になっている。

団参に参加した人たちは、地元へ戻ってからも「○○君は元気にしてる？」と、教会に顔を出してくれる。こうした地域の人たちとのふれ合いが、少年たちの更生の手助けになるのだ。

近所の人たちは、いま教祖百三十年祭の団参を心待ちにしてくれている。

変わらず続けるなかに……

教祖百三十年祭には、私どもの教会につながる大勢の人たちと帰参させていただいた。今回初めておぢば帰りをした人が、「こんなに心が落ち着く場所は初めて」と感激していたことが心に強く残った。

年祭直後の一月末、うれしい出来事があった。

「大畑先生、ごぶさたしています」

二年前、半年の委託期間を終えて〝卒業〟したＯＢが、教会まで会いに来てくれたのだ。

「よく来たな！　いまから一緒に昼食にしよう」と勧めると、彼はうれしそうにうなずいた。

委託期間を終えた少年たちを送り出す際、「困ったことがあったら、必ず教会に連絡するように」と伝えている。実際、その後の生活がうまくいかず、困り果てて連絡してくるＯＢは少なくない。

しかし彼は、そうではなかった。

「先生、報告があるんです」

久しぶりに味わう妻の「久子さん」の手料理を頬張《ほおば》りながら言った。

「昨年、結婚したんです。子供も一人います」

実におめでたい話だった。そして、その報告のために、わざわざ教会へ足を運んでくれたことが何よりうれしかった。

〝卒業〟後に、働いているとか結婚したといった報告をくれる子は少ない。三十年以上預かってきたすべての少年たちの二割にも満たないだろう。

今回の彼のようなＯＢには、一つの共通点がある。それは、委託期間中に教会で身につけた「朝起き」や「あいさつ」などの規則正しい生活を、〝卒業〟後も変わらず続けているということだ。

現在、介護の仕事をしている彼は、朝起きから一日の生活のリズムを整えているという。

食事を終えると、料理を振る舞ってくれた久子さんに、「ありがとうございました」としっかりあいさつをする姿は、典型的な〝好青年〟に見える。朝起きとあいさつの大切さは、教会で預かる少年たちに常日ごろ伝えていることである。これは三十年以上、ずっと心がけている。

帰り際、彼に「今度、奥さんとお子さんに会わせてほしい」と伝えた。すると一週間後、妻子を連れてやって来た。

「大畑先生のおかげで、いまの自分がいるんだ！」

そう言って、奥さんに私を紹介してくれた。少し照れくさかった。

「子育てのことなど、何か困ったことがあったら必ず教会に来てくださいね」

奥さんにこう伝えると、彼女は真剣な表情でうなずいてくれた。

Ⅳ 卒業

少しの会話が大きな一歩

桜咲く季節となり、卒業式を終えた各地の学校では、これから入学式を迎える。子供たちがまた一歩、大人へと成長する大事なときだ。

教会にやって来た少年たちも、半年間の委託期間を終えて〝卒業〟するころには、立派に成長してくれたなあと実感する。

その成長の歩みは、一歩進んだ子もいれば、半歩の子もいるが、彼らの〝卒業〟時の身なりや顔つきから、半年間、懸命に努力してきたことがよく分かる。

〝卒業〟後は、両親が不在だったり、離婚していたりすることから、一人で生活を始める少年が多い。

しかし、ごくまれに異なるケースがある。

ひろし（仮名）は五年前、両親と共に私どものもとへやって来た。教会に〝入学〟する際、親子三人がそろうのはとても珍しい。

だが、ひろしと両親の間には全く会話がなく、親子の間に大きな溝があると感じた。

日が経《た》つにつれ、ひろしは両親への思いをポツリポツリと打ち明けた。

「『あれをしなさい、これをしなさい』と指示するばかりで、自分の話なんかまともに聞いてくれなかった。だから、しばらく会話してないんです……」

非行に走ることは許されない。しかし、そのすべての原因が本人にあるわけではないと思う。

非行少年の多くが、親をはじめとする大人たちを信用していない。それは大人に傷つけられたり、自分の存在を認めてもらえなかったりといった、つらい経験をしているからだ。
ひろしを心配する両親は、しばしば面会に訪れた。彼の両親が教会に来るたびに、私は「三人で食事をしてきてください」と、教会近くのレストランへと案内した。
家族団欒《だんらん》は食卓を囲むことから始まる。家族がそろって食事をすれば、自然と会話は増えていくのだ。

食事を終えたひろしに「両親と話せたか?」と聞くと、「少しだけ……」と答えた。この「少し」が、親子にとって大きな一歩になったと確信している。

ひろしが〝卒業〟した後、彼の母親から手紙が届いた。

「最近、家庭のなかで、皆の笑顔が見られるようになりました。ひろしは食器を洗ったり、洗濯物をたたんだりと、自ら進んで家事を手伝ってくれます」

ひろしの母は、いまでも定期的に近況報告の手紙を送ってくださる。

被災地での支援活動通じて

四月十四日夜、熊本県内で大きな地震が発生した。その後も九州の広範囲で、断続的に強い揺れが相次いでいる。

いま避難所で生活されている方々の気持ちを想像するだけで胸が痛い。

五年前、東日本大震災が起きて以来、「自分にできることは何か」と考え、東北の被災地へ定期的に赴《おもむ》いている。地元・東京葛飾の知り合いの農家から頂いた野菜や物資を車に積み込んで、福島、宮城、岩手の三県を順番に回っている。

この支援活動に、教会で預かる少年たちを連れていくことがある。

ある少年は、津波被害に遭《あ》った町を見て、「こんなことって、あり得るんでしょうか……」とポツリと言った。目の前には、実際に起こったとは信じ難《がた》い光景が広がる。

私たちの主な活動内容は、避難所や仮設住宅で生活している人たちに野菜と物資を配ることだ。

「東京から来ました」「よかったら、これ使ってください」

被災した人たちのことを思い、声をかけながら野菜を手渡す少年の表情は真剣そのもの。

一方、被災した人たちが、少年たちにとても親切に接してくださることも、しばしばある。

「よく来てくれました」「若いのに感心ね」

なかには、この震災で、少年と同じ年ごろの孫を亡くしたと打ち明ける高齢者もおられた。私たちを家の中に招き入れ、手料理を振る舞い、話を聞かせてくださった。

ある少年は、このときの経験がよほど心に残ったのだろう。その後、妻の「久子さん」と一緒に同じ場所へ向かったときのことだ。

「ここの家の方が手作りのキムチを振る舞ってくれたんです」「ここの家では、お風呂に入れてもらいました」

初めて被災地を訪れた久子さんに、その少年は前回の活動を一生懸命に伝えていた。

さらに「以前、あそこの家の方にお世話になったので、お礼を言いに行かせてください」と自ら申し出た。

また、ある少年は、教会を〝卒業〟した後、父親を誘って被災地へ向かい、親子そろって瓦礫《がれき》撤去などの作業に汗を流したという。

私たちは熊本や大分、そして東北の被災地のことをいつも思っている。そして私も、少年たちも、被災地での支援活動を通じて、とても大切なことを学ばせていただいているように思う。

教育ならぬ〝共育〟の意識で

つい最近、近所の人から「大畑さんは少年たちに、どのようなしつけをされているのですか?」と問われたことがあった。

私は迷わず「『朝起き』と『あいさつ』です」と答えた。

朝起きをした日と、寝坊してしまった日とでは、一日の充実ぶりが格段に違う。きちんと朝起きをすることで、体だけでなく心も健康的になる。

また、あいさつができる人とできない人とでは、その人の印象が全く異なる。元気なあいさつをする人は、実に清々《すがすが》しい。

これは、誰しも当たり前のことだと思うだろう。しかし大人でも、朝起きとあいさつを真面目《まじめ》にしているという人は、案外少ないように思う。

以前、家庭裁判所から委託され、十九歳のたかし（仮名）が母親と共にやって来た。母親は、たかしの横で私にこう言った。

「この子はもう、いりません。大畑さんの好きなようにしてください」

ただただ悲しくなった。確かに、たかしが非行に走ってしまったことは許されることではない。母親にも多大な迷惑をかけただろう。しかし、親に「いらない」と言われた子供は、一体どんな気持ちになるのだろうか。心中を察するだけで、胸が締めつけられる。

教会で預かる少年たちは、たかしのように、実の親から見放されてしまった子が少なくない。そんな彼らに、しつけをどうこう言う前に、私たち大人に対

して心を開き、信頼させることが先決だ。
　そのためには、私たち大人が、少年たちと共に育つ意識が欠かせない。私はこれを、教育ならぬ〝共育〟と呼んでいる。
　起床も、掃除も、食事も、就寝も、地域の行事参加も……。共に行動し、汗を流し、笑い、楽しむ時間を共有する。そして「ご飯は美味《おい》しいか？」「今日一日、楽しかったか？」と声をかけては、少年たちの話に耳を傾ける。
　そうするうちに、彼らは徐々に心を開くようになる。しつけるのは、それからでいい。

その後、たかしは、教会での生活が二カ月を過ぎたころ、体重が一〇キロも増えた。

「大畑先生、おはようございます！」

教会家族のなかで誰よりも早く起床し、自ら進んであいさつをしてくれる彼の姿に、私は元気をもらった。

幸せを感じる源は感謝の心

「子供の貧困」が社会問題として取り沙汰《ざた》されて久しい。離婚などによるひとり親の家庭が増えたことで、親に子供の生活を支える経済的な余裕がないという。

こうしたなか、最近では「こども食堂」や「無料塾」といった、子供を支援するさまざまな動きが各地で広がっている。身内でない子供を真心込めて世話取りするのは、本当に素晴らしいことだと思う。

その一方で、経済的に恵まれている子供は皆、幸せなのかと言えば、そうと

は言いきれない気がする。

先日、中学生の孫が私に言った。

「友達のなかには、一日に一度も家族と会話しないという子が、けっこういるの。その子たちは、なんだか寂しそうだった……」

現代では、私たちのように親子三世代が毎日顔を合わすという家庭は珍しいようだ。そんな孫からすると、家族の会話が全くないことなど想像できないのだろう。

これまで教会にやって来た少年たちのなかには、裕福な家庭で育った子も何人かいた。しかし、そんな彼らと初めて会ったとき、うつむきがちで暗い顔をしているのだ。

親から見放され、大人への不信感を抱き、自分の存在すら否定する少年たち。家庭が経済的に満たされていても、心が満たされていないのだと感じる。意味は少し異なるかもしれないが、私には彼らが〝心の貧困〟を抱えているように思えた。

言うまでもなく、家族と仲良く暮らすことに勝る幸せはないと思う。だからこそ私は、半年間の委託期間で、家族団欒の喜びを、家庭の温《ぬく》もりを感じさせることを一番大切にして、少年たちとの時間を過ごしている。

最近、あることに気づいた。教会生活を通じて、生き生きとした表情に変わっていく少年たちには、ある共通点がある。

それは、感謝の言葉を口にするようになること。久子さんが作る美味しいご飯を食べたとき、職場で充実した仕事ができたとき、お風呂に入ってすっきりしたとき、充実した一日を振り返りながら就寝するとき……。「ありがとう」の言葉が増えるにつれて、笑顔が見られるようになるのだ。

感謝の心は、幸せを感じられる源になるということを、あらためて実感した。

家族の一員になれたとき

つい先日、五年ぶりに風邪をひいてしまった。三十九度まで熱が上がり、長い時間休ませてもらった。

布団のなかで目を閉じていると、五年前に風邪をひいたときの記憶が蘇《よみがえ》ってきた。

当時、教会で預かっていた少年のまさる（仮名）が、体調を崩した私を心配して、「大畑先生がいなくなったら、どうやって生きていけばいいか分かりません。早く元気になってください」と、涙目で言ったのだ。

補導委託を続けて三十年以上。少年たちをお世話するなかで、大きな不安を感じるときがある。それは、彼らが健康を損なったり、病気に罹《かか》ったりするときだ。

慣れない環境で生活するためか、少年たちが体調を崩すことがある。このとき注意しなければならないのが、病状を勝手に判断しないこと。なぜなら、彼らの体質やアレルギーなどについて、こちらは何も知らないからだ。それは少年自身も同様で、自分の体質を分かっていないことが多い。

「ただの風邪だろう」などと決めつけず、必ず病院へ連れていく。その対応によって、少年たちが「肺炎」や「ぜんそく」に罹っているのが分かったこともあった。

まさるは、私より少し前に風邪をひいていた。そのとき、ほかの少年が風邪

をひいたときと同様に、私は回復のご守護を願っておさづけを取り次いだ後、「かしもの・かりもの」の話をした。
「目が見えて、耳が聞こえて、仕事ができて、美味しいご飯が食べられるのは、すべて親神様のお働きのおかげなんだ。元気なときは忘れがちだけれど、病気になったら健康が当たり前じゃないことに気づくだろう?」
まさるは「うん、うん」とうなずいていた。
少年たちのなかには、看病を受けた経験がほとんどない子が少なくない。「体の具合はどうだ?」と声をかけられたり、久子さんが作ったおかゆを食べたりしているうちに、「自分のことを心配してくれている」という思いが込み上げてくるのか、「家族の一員になれた気がする」と打ち明ける者もいた。

まさるも、その一人だった。そして、風邪をひいた私の枕元に何度も水を運んでくれた。そのうえ、久子さんの料理の手伝いをしてくれた。その姿が、いまも脳裏に焼きついている。

〝おばあちゃん〟の涙

先月の「敬老の日」。私と妻の「久子さん」は、孫たちからそれぞれ似顔絵をプレゼントしてもらった。「おじいちゃん、おばあちゃん、いつもありがとう！」。こんな言葉をかけてもらうと、私たちは本当に幸せ者だと感じる。

以前にも紹介したが、私どもの教会は四十年以上前に、近所の老人ホームで月一回の清掃ひのきしんを始めた。当初は教会につながる人たちだけで取り組んでいたが、参加者が年々増えていき、現在は支部活動の一つになっている。

このひのきしん活動には、教会で預かる少年たちも参加する。作業は午前十

時から午後三時まで。部屋のベッドの下、キッチンの換気扇、そして生活の必需品である車いすなどもピカピカにしていく。
施設の係員だけでは手が回らない所を清掃するので、施設の関係者の方たちは、非常に喜んでくださる。
そして、少年たちがひのきしんに来るのを、いまかいまかと待ち望んでいるのが、施設の入居者の皆さんだ。
入居者の皆さんからすると、少年たちは孫に相当する世代だ。普段、若い子と接する機会が少ないため、少年たちの姿と孫の姿が重なるのだろう。

入居者の〝おじいちゃん、おばあちゃん〟は、ひのきしんに汗を流す〝孫〟たちに「よく掃除してくれたね」「ありがとう」と笑顔で何度も声をかける。これまで、人から褒《ほ》められたり、お礼を言われたりすることがほとんどなかった彼らにとって、老人ホームでのひのきしんは、清掃活動を超えた、実に意義深い経験だと思う。

また、「敬老の日」の月に合わせて、歌を歌うイベントを企画したこともあった。心をそろえる大合唱は、家族のような一体感に包まれて心地よい。

あるとき、すべての清掃作業を終えて帰路に就《つ》く少年との別れを惜しみ、涙を流して見送る女性入居者の姿があった。

「俺《おれ》のために泣いてくれている……」

少年は、こうポツリとつぶやいた。きっと〝おばあちゃん〟の涙を、生涯忘れないだろう。

〝仲人の思い〟も胸に

先日、補導委託がいかにして成り立っているのかということについて、あらためて考える機会があった。

簡単にいうと、非行に走ってしまった少年、私どもの教会のような委託先、そして、その両者をつなぐ家庭裁判所の三者で成り立っていることになる。

少年は自分の意思で委託先を選べないし、委託される側も預かる少年を選べない。すべて家庭裁判所が決める。特に、その大きな役割を担っているのが、家庭裁判所の調査官だ。

調査官の主な仕事は、家庭裁判所で取り扱う少年事件などについて調査すること。具体的には、少年とその保護者に会って事情を聞くなどして、少年が非行に走った動機や原因はもとより、生育歴、性格、生活環境などを調べる。さらに、少年が立ち直るために必要な方策を検討し、委託することになった場合、どこの委託先が適しているのかを判断するのもその役目である。

調査官は、私どもの教会を、天理教の教えを中心とする情操教育ができる委託先として評価してくれている。併せて、大勢の家族で生活していることや、これまでの地域活動を通じて育《はぐく》まれた地域の人たちとの信頼関係も、大きな特徴として認識してくれているようだ。

調査官の役割は、あくまでも調査のみ。委託先での活動は、受託者の責任にゆだねられる。こうしたことを踏まえて、私どものもとに少年を連れてくるのだ。私は調査官のことを〝仲人《なこうど》〟と呼んでいる。教会にやって来るすべての少年たちを調査官が紹介してくれるからだ。

これまで、さまざまな調査官と接してきた。少年を連れてくるとき、彼らのほとんどが、真っすぐな目で私を見つめる。まるで、「この子をぜひ更生させてやってください」と言わんばかりの真剣な表情だ。

立場は異なるが、「少年たちのために」との思いは、受託者も同じだ。

また、家庭裁判所を退職した後、私に電話をかけてくる〝元調査官〟も少なくない。

「彼はいま、元気で暮らしていますか？」「あの子が更生したと聞いて、本当にうれしかったです」

このような近況報告をするなかで、少年を連れてきた調査官がどんな思いを持っていたのかをあらためて知るのだ。

〝仲人の思い〟も胸に、少年たちの世話取りを一生懸命させていただかなくてはと、思いを新たにしている。

初めての〝おめでとう〟

今年の正月三が日は暖かかった。全国的に暖冬となったようで、過ごしやすいお正月だったように思う。

教会で預かる少年たちは、いわゆる一般的な「お正月」を知らない子ばかりだ。大晦日《おおみそか》のカウントダウンも、新年のあいさつも、おせち料理も知らない。

元日の朝、新年を迎えたお祝いをすることを少年たちに説明した後、教会家族全員で「明けましておめでとうございます」と、あらためてあいさつする。

すると少年たちは、うれしそうな表情を浮かべる。

お祝い事は、誰もがうれしいもの。そんなことは当たり前かもしれないが、人生のなかで「おめでとう」と言われる機会は、案外少ないかもしれない。大人になって年を重ねていくほど、祝福を受ける機会は減っていく気がする。試験に合格したとき、就職したとき、結婚して子供を授かったとき……。なかでも多くの人が数多く「おめでとう」と言われるのは、誕生日を迎えたときだと思う。

しかし、少年たちのなかには、ここに来るまで誕生日を祝ってもらったことがないと打ち明ける子が少なくない。自分自身の誕生日さえ、うろ覚えな子がいるのだ。

誕生日を教会家族全員でお祝いする時間は、彼らにとって、家族団欒の喜びや家庭の温もりを味わうひと時でもある。だから、彼ら一人ひとりの誕生日を大切にしてきた。

新たに少年がやって来ると、「誕生日はいつだ?」と必ず聞く。

ある少年は、なぜそんなことを聞くのかというような表情で「三日後です」と、淡々と答えた。彼にとって、誕生日が特別な日だという意識は全くないようだった。

少年たちの誕生日には、朝づとめの後、「彼は今日、○歳になりました」と皆に紹介する。「親神様のご守護を頂いて、○回目の誕生日を迎えた彼をお祝いしましょう」と言って、皆で「誕生日おめでとう」と言葉をかける。

夕飯のメニューは、誕生日を迎えた少年が食べたいものになる。外食を希望する子もいるが、「久子さん」の手料理が食べたいと言う子が多い。そして、夕飯を食べる際にもう一度、全員で「おめでとう」とお祝いする。

誕生日を祝ってもらうことが、よほどうれしいのだろう。一度祝ってもらった少年は、ほかの少年が誕生日を迎えると、誰よりも大きな声で「おめでとう！」と祝福する。

自分が祝ってもらった喜びを仲間にも味わわせたいという少年の優しさにふれ、いつも心が温かくなる。

「怖い子」から「優しい子」に

今年四月で七十七歳の喜寿を迎える私は、三月をもって昭和六十年から続けてきた補導委託に区切りをつけることにした。

非行少年たちの更生のお手伝いをさせていただいて三十二年。私どもの教会を〝卒業〟する少年たちの姿を何度も見届けてきたが、いま初めて自身の〝卒業〟を目前にして、たくさんの感謝と寂しさで胸がいっぱいになる。

補導委託は、罪を犯した少年を預かり、共に生活し、更生の手助けをすることが役目だ。委託を受けるようになってから、妻の「久子さん」と共に「家族

団欒の温もりを味わわせたい」と、彼らの養育に力を尽くす一方で、「補導委託の大切さを伝える」という活動にも力を注いできた。

以前にも紹介したが、私は教内外の関係者から依頼を受け、青少年の非行の現状と課題などについて話をする機会を頂いている。

家庭裁判所で裁判官や調停委員に、弁護士の関係者に頼まれて弁護士を志す司法修習生に、また支部行事の一環として、里親、民生・児童委員、教誨師《きょうかいし》など福祉関係の諸活動に携《たずさ》わる教友たちにも話をさせてもらってきた。

さまざまな立場の人を前に、演題は異なっても、補導委託の活動を通じて感じる〝ありのまま〟を伝えることは一貫している。

そのなかで、特に印象に残っているのが、私の話を聞いた人たちから「非行少年に対するイメージが変わった」と何度も言われたことだ。

ほとんどの人は、非行に走る少年を「怖い子」だと思っている。

話のなかで、私は「少年が怖いというイメージは、大きな間違いだ」と何度も強調する。非行に走った少年たちは皆、大人から見放されて〝傷〟を抱えていること。地域の人たちの手厚いサポートのおかげで、その傷が少しずつ癒《い》えていくこと。「こどもおぢばがえり」の引率では、子供たちの人気者になること。いつも手作り弁当を作ってくれる久子さんに、手紙を書いてお礼の気持ちを伝えること。教会から〝卒業〟したのちに結婚し、幸せな家庭を築いていること――。

地元の小学校のＰＴＡから頼まれて、児童の保護者らに話をしたとき、ある母親が涙を流された。非行少年に対するイメージが、「怖い子」から「素直で優しい子」に変わったというのだ。

補導委託を全く知らない人たちに、その取り組みについて知ってもらうこと、そして少年たちの優しさにふれてもらうことも、私の大切な役割だと、あらためて実感している。

いつでも、ずっと待っている

わが家の〝家族〟を紹介したい――との一文で始まったこのエッセーも、気がつけば丸四年の間、連載させていただいた。

連載が始まったころは、非行少年と共に、毎日にぎやかに食卓を囲んでいた。しかし、この数カ月前から少年を預かっていない。最近は、妻の「久子さん」と二人きりで食事を取ることが多くなった。

これが実に寂しい。これまで少年たちと、にぎやかに食卓を囲むのが当たり前だったからだ。

今月をもって、昭和六十年から続けてきた補導委託に区切りをつけることにした。三十二年の道中を振り返ると、私一人では何もできなかったと痛感する。

とにかく最初の十年は、失敗続きだった。特に近所の人たちには、たくさん迷惑をかけた。それでも補導委託の活動に理解を示し、少年たちを温かく見守ってくれた。地域の皆さんの協力なしでは続けられなかった。

また、少年たちの母親役を務めた久子さんを抜きに、補導委託は語れない。朝は誰よりも早く起き、夜は皆が寝静まってから床に就く。そんな毎日を送りながら、私たちの生活を支えてくれた。少年たちからも、地域の人たちからも慕われる久子さんは自慢の妻だ。

そして約半年間、それぞれ寝食を共にしてきた少年たちには、言葉では言い表せない、さまざまな思い出がある。教会にやって来た少年の人数は、延べ三百人を超える。

振り返ると、少年たちがいたからこそ、教会には多くの人々が寄り集うようになった。地域活動などに少年たちを連れ出すことで、地域の方と少年たちとの交流が生まれ、教会を訪ねてくる人が増え、ほぼ毎日〝茶話会〟が開かれるようになった。

なかには、私や久子さんに日常生活の不安や悩みを打ち明け、帰路に就くころには、すっきりとした表情になっている人も少なからずおられる。

少年たちとの生活を通じて、教会や地域につながるすべての人たちが、一つの家族のようになれたと実感している。

私の力不足もあり、寄り添いきれなかった子もいたかもしれないが、〝卒業〟したOBたちには、これからも困ったときなど、いつでも教会を訪ねてきてほしい。

私と久子さんは、ずっと待っている。また、みんなの笑顔に出会えることを楽しみに――。

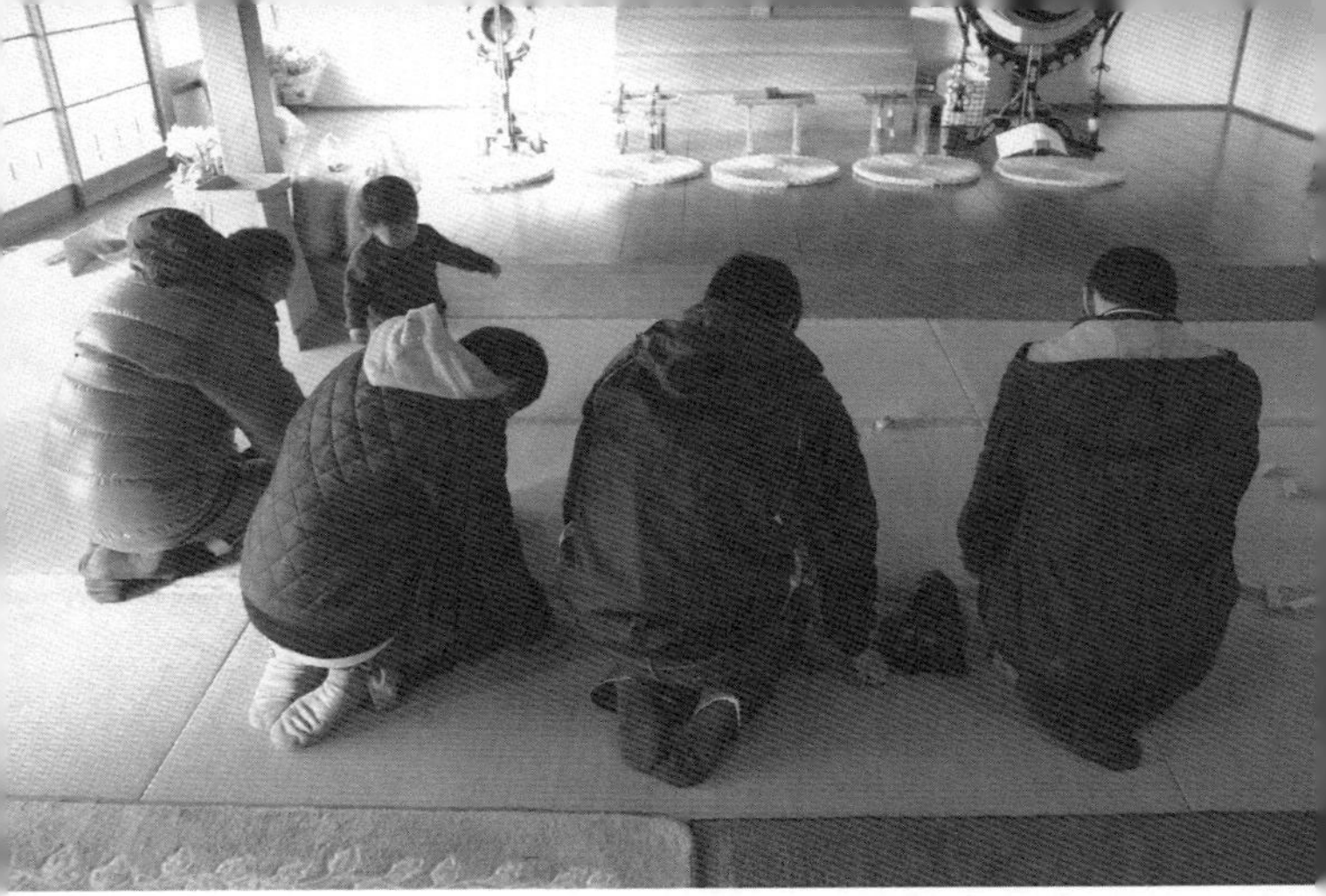

ルポ

補導委託の現場から

本稿は、『天理時報』紙上でエッセーの連載が始まる前の二〇一一年に、本導分教会を取材したもの。さまざまな理由から犯罪に手を染めた少年たちに、家族や信者、地域住民らと協力しながら手を差し伸べる取り組みと、少年たちが〝生きる力〟を身につけていく姿が、記者の視点で紹介されている。

少年の〝立ち直り〟支えて二十五年

下町情緒あふれる東京都葛飾区。立春を過ぎ、穏やかな陽気に包まれた日の午後、本導分教会では大畑道雄会長（70歳）が近所のお年寄りと雑談していた。縁側では、長男・道博《みちひろ》さん（36歳）の妻・亜希子《あきこ》さん（36歳）が、二人の〝ママ友〟とティータイム中。庭では、大畑会長の孫とその友達数人が元気に走り回っていた。

「ここには〇歳児から八十八歳のお年寄りまで、一日に二十人近くが出入りする。こうした環境が、少年たちの心に良い影響を与えるんだ」

四半世紀の経験に裏打ちされた大畑会長の言葉に不思議な重みを感じた直後、威勢のいい声が響いた。

「ただいま帰りました！」

教会で初めて〝家族団欒《だんらん》〟を知る少年も少なくない

大畑会長の子供にしては幼く、道博さん夫妻の子供にしては大柄な、少年A君が姿を見せた。

四半世紀で二百人余り

「今日は早いじゃないか。どうした?」

時計を見ながら大畑会長が尋ねると、

「現場の仕事が早く終わりました」とA君。

「そうか、お疲れさん。夕づとめまで、ゆっくりしてくれよ」

大畑会長がそう言うと、A君は一礼して

教職舎内の自室へ向かった。

「ケアセンター本導」。教会が掲げる、もう一つの〝看板〟だ。家庭裁判所から同時期に預かる少年は最多五人。この二十五年間で二百人以上の少年たちと、一つ屋根の下で暮らしてきた。

委託期間は、おおむね六カ月。その間、少年たちは日中は仕事に就《つ》いて職業指導を受ける。教会では、教友や近隣の雇用主の協力を得て、少年たちの就職を斡旋《あっせん》している。

「最初の三週間で、少年の適性を見極めて職種を決める。その間、いろいろな話をするが、どんな罪を犯してきたかは、あえて聞かない」と大畑会長は言う。

一つ屋根の下で〝生きる力〟を培う

関東一円の家庭裁判所に名前を知られる〝ベテラン受託者〟の大畑会長のもとには、凶悪事件に関わった少年が預けられることも少なくない。

「教会では、家族も少年も箸《はし》と茶碗《ちゃわん》は皆一緒。犯罪歴やこれまでの境遇などで、少年たちを比較することは絶対にしません」

自室で着替えたA君は、誘われるまま庭で遊ぶ子供たちのもとへ向かった。委託先では、定期的に家庭裁判所調査官との面談がある以外に、特別な指導プログラムはない。

「あくまでも日常生活を共に過ごすことを意識している。でも最初は、指導や教育について難しく考えていた時期もあった」と大畑会長は振り返る。

失敗続きの十年

補導委託の受け入れを始めたのは昭和六十年。二十代から地区の役員を務め、保護司や民生・児童委員などを歴任するなかで、家庭裁判所の要請を受けた。「〝委託〟という言葉に、少年の未来を託される使命感のようなものを感じた」

しかし、最初の十年は失敗続きだった。一日で逃げ出す少年はザラで、時には、預かった少年と不良グループが教会の敷地内でにらみ合うこともあった。「毎晩寝る前に、台所の包丁を別の場所に隠していた」と大畑会長は述懐する。

一方、会長夫人の久子さん（66歳）は「預かった少年が再犯するたびに、悲しくて悔しい思いをした」と振り返る。久子さんは毎朝、少年が仕事へ向かう際に、「食べるとき私たちの顔を思い出してね」と、手作りの〝スタミナ弁当〟を持たせている。

あるとき、仕事へ出かけたはずの少年三人が、車上荒らしで逮捕された。久子さんは思わず「もう受託をやめたほうがいいんじゃない？」と漏《も》らした。それでも、大畑会長は「たすけの手を求める少年がいるのに、私たちがやらなくて誰がやるのか」と、半ば自分に言い聞かせるように、久子さんを励ましたという。

「良い子」でいようとする心理

「さっきスリッパをそろえてくれたんだな。ありがとう」

子供たちと遊んでいたA君が戻ってくると、大畑会長が声をかけた。

「いえ、とんでもありません」

謙遜《けんそん》するA君の表情は、どこか照れくさそうだ。

「がむしゃらに十年間続けるなかで、こうした何げない声かけこそが、更生のきっかけになると気づいた」と大畑会長は言う。

試験観察の一環として補導委託に付される少年たちは、委託先での生活態度によって最終処分が決まるため、はたから見て「良い子」でいようとする心理が働きやすいという。

過去には、こんなケースがあった。

父が医師、母が教職員という家庭で育った少年B君は、教会では問題行動が少ないのに、両親が面会に来ると頑《かたく》なに口を閉ざした。

そんな生活が三カ月続いたある日、突然、B君が久子さんに尋ねた。

「道博さん（大畑会長の長男）は婿《むこ》養子ですか？」

B君には、亜希子さん（道博さんの妻）が久子さんの実の娘のように見えることが不思議で仕方なかったという。

やがて、母親と姑《しゅうとめ》の関係が悪く、家庭に安らぎの場がないことが、B君が非行に走る遠因《えんいん》になっていたことが分かった。

「みんなが優しくしてくれるから、いまの私たちの姿があるの。B君も、お母さんに優しくしてあげてね」と久子さんが伝えると、次回の面談から、B君は両親と話すようになり、立ち直りのきっかけをつかんだ。

「近ごろは、B君のように一見、家庭環境に恵まれていそうな少年が非行に走るケースが少なくない」と大畑会長は指摘する。

そうした複雑な心の葛藤《かっとう》を抱えた少年たちに接する際、大畑会長が心がけているのが「あいさつ」「返事」「感謝」の三つだという。

「事あるごとに『いつもありがとう。おまえのおかげで、俺《おれ》たちもたすかって

地域行事・活動などを通して〝生きる力〟を身につけていく

いるんだ』と伝えるなかで、少年たちは次第に人の役に立つ喜びを感じて、自らも誰かにたすけてもらってきたことに気づく。これが更生の第一歩だと思う」

最近では、少年たちを積極的に地域行事などへ連れ出すことで、教会の取り組みに対する地域住民の見方も変わってきたと話す。

「以前は『なぜ非行少年を預かるのか』と問いただされるようなこともあった。しかし、いまでは『あの子、頑張っているね。

近ごろ変わってきたよ』と声をかけてくださる人もいる。教会はもとより、地域の人たちからも〝見守られる〟ことで、少年たちの立ち直りが早くなっていくように感じる」と、大畑会長はA君を見る目を細めた。

トンネルの出口へ

教会にはA君のほかに、教内関係者から預かっている少年と、教会での補導委託を終えた後、身寄りがないことから再び教会で暮らすようになった青年が同居している。

夕づとめを終えると、道博さん夫妻の子供五人と共に〝大家族〟での夕食の時間。食べ盛りの少年たちは、ひと月に一二〇キロの米を平らげることも。

「『食べるのに困らないから、教会で暮らすのは、宝くじに当たったみたいなもの』と言ってのける子もいるが、ここを〝卒業〟していく少年には『良いときは連絡するな。困ったら来い』と伝えるようにしている」と大畑会長。

大畑会長は、教会から巣立った少年の再犯の知らせを聞くと、すぐに全国各地の刑務所へ面会に赴《おもむ》く。そして「困ったら、うちへ戻るか、近くの天理教の教会にたすけを求めろ」と伝える。そうしたなかで、自ら別席を運んで、ようぼくになる人も少なくないという。


翌朝、神殿や教会周辺の清掃を終え、朝食を取るA君たちは、どこかそわそわしている。この日は「葛飾BBS会」（61ページ参照）のメンバーと遊園地へ出かけるという。

朝づとめを終えた大畑会長から、預けていたお年玉を受け取ると、A君たちはジーンズをはき、オシャレに余念がない。「女の子に声をかけたりするなよ」「おまえだろ、それは」と互いにからかう姿は、無邪気な少年そのものだ。

「ここへ来る少年たちの多くは、誰もが楽しいと思えることを素直に楽しめない。きっと彼らには、人生の暗いトンネルが、とてつもなく長く感じられるのだろう。そんな少年たちにも、トンネルの向こうには、かすかな光が見えているはず。彼らをトンネルの出口近くまで連れていくことが、私たちの使命」と大畑会長は話す。

「行ってらっしゃい。楽しんでおいでよ」

留守番の久子さんが声をかけると、A君たちは一斉に「行ってきまーす」と返事をした。まばゆい朝日に向かって歩きだす少年たちの姿を見送っていると、トンネルの出口はそう遠くないように感じた。

（野本隆久記者）

あとがき

幼少のころ、両親と過ごした記憶がほとんどない。かつて近所のご婦人が、父と私のこんなエピソードを教えてくださったことがある。

日中戦争のさなか、日本と中国を二度行き来した父は、三度目の出征が決まって出発する日、近所の人たちに見送られた。父が家の門を出た瞬間、当時五歳だった私は、大声で泣きながら父の足にしがみついたという――。

父が戦死した後、二代会長に就任した母は、朝から晩まで布教に歩いた。四つ年下の私の弟は、教会につながる信者さんに育ててもらったようなもの。私も付きっきりで弟の世話をした。なかでも、弟のおしめを替えるのに悪戦苦闘したことを覚えている。

親の愛情を受けずに育つ子供の心境は、果たしてどんなものだろうか。幼くして父と別れた私にも分からない。しかし一つ言えるのは、その責任は子供には一切ないということだ。こんな言い方をすれば誤解を与えるかもしれないが、親から見放された少年が非行に走るのは、よくよく家庭の事情を知れば、やむを得ない面もあるように思う。愛情を受けずに育った少年は、ほとんどと言っていいほど、大人から大事にされた経験がないからだ。

補導委託を始めるに当たり、私たち夫婦は母に相談した。母はこう言った。

「預かった子供は、自分の子供以上に可愛《かわい》がって世話をするように」

まるで、教祖からお諭しを頂いたように感じた。

以来、三十年余り、補導委託を続けてこれたのは、妻はもとより、地域の方々の理解と協力があったことは言うまでもないが、私自身の幼少期の原風景、そして母の言葉があったからだと、いまにして思う。

昨年十月、私は脳梗塞《こうそく》で病院へ運ばれた。左半身が言うことをきかない。これまで大きな病気をしたことがなかったが、補導委託にひと区切りをつけた途端に見せられた節に、〝メッセージ〟を感じずにはおれなかった。

病室で妻と話し合った。親神様が私たち夫婦に、もっとおたすけをと急き《せ》込んでおられるのではないか。

「よし！　補導委託を再開しよう！」

ベッドの上でそう心定めをした翌日から、体はみるみる回復して、わずか十一日で退院することができた。

平成三十年六月。家庭裁判所から、一人の少女を預かってほしいと連絡が来た。これまで少年のみ世話取りをしていた私たちにとって、少女を預かるのは初めてのこと。

新しい〝家族〟との新たな生活が、いまから楽しみだ。

◇

なお、本書が刊行されるに至ったのは、『天理時報』での連載中に、執筆のうえでひとかたならぬお世話になった、記者の福島芳明《ふくしまよしあき》さんのおかげにほかなりません。末筆になりますが、あらためてお礼を申し上げます。

平成三十年六月

筆者記す

大畑道雄（おおはた・みちお）
昭和15年（1940年）、東京都生まれ。同36年、天理教校専修科卒業。同60年、家庭裁判所の補導委託先に登録、少年の受け入れを始める。平成２年（1990年）、本導《ほんどう》分教会３代会長に就任し、現在に至る。同17年、藍綬褒章受章。同25年、瑞宝双光章を受章。

きずな新書012

非行少年《ひこうしょうねん》の心《こころ》の居場所《いばしょ》　補導委託《ほどういたく》30年《ねん》

立教181年（2018年）８月１日　初版第１刷発行
立教182年（2019年）８月26日　初版第２刷発行

著　者　大畑道雄

発行所　天理教道友社
〒632-8686　奈良県天理市三島町１番地１
電話　0743(62)5388
振替　00900-7-10367

TENRIKYO DOYUSHA

印刷所　大日本印刷㈱

ISBN978-4-8073-0620-6
定価はカバーに表示